DEEPER LEARNING

深度學習的技術

2 週掌握高效學習，立即應用

4THINK | 楊大輝

各界推薦（依姓名筆畫排列）

Roxas 初次參加講師培訓班時，上台 5 分鐘就讓所有參加者兼導師驚訝不已；第二年培訓班，我邀他擔任嘉賓導師分享「如何寫書」，帶來的驚喜比上一年更大。而這本《深度學習的技術》，則是他給我第三次且更大的驚喜！

——江健勇／亞洲毒辣 NLP 創辦人，《奸的好人》系列書作家

當移動互聯顛覆了學習之後，學習的終點已經不是知道而是做到。

——林揚程／書粉聯盟創辦人

這本書適合所有想要突破現況，提升自我的讀者。大輝透過各種思考技巧，打開思維侷限，讓靈感能源源不絕的出現。

——張志豪／台灣陽獅媒體集團副總經理

學習幫助我們看得更遠，而要想走得更遠，需要有深度學習的能力，這本書可以幫您做到！

——閱讀人。鄭俊德

我們所有人都需要學習，卻很少人有人知道如何有效學習。你可以透過本書的「記懂網拓活」五種心法，改善你的學習方式。

——蘇書平／為你而讀執行長

我常在楊大輝的 4THINK 上看到許多跨領域、顛覆性的深度好文，翻閱本書才發現，原來秘訣就在「記、懂、網、拓、活。」學如逆水行舟，不用則退，讀完書後也別忘運用，畢竟學習只是過程，你想完成的目標，才是終點。

——劉俊佑（鮪魚）／生鮮時書創辦人

讀者好評（依姓名筆畫排列）

學而不思則罔，思而不學則殆——顯示了「思考」和「學習」對我們的進步扮演了非常重要的角色。

這本書參考了很多不同種類的書籍，論文，在作者整理後，以作者親生的體驗有系統的解釋了學習的必經過程，由最初級的「記」延伸到「活」，也就是學習的最終目標。

過程裡，作者也以「正」和「反」的角度去討論不同學習工具的利與弊，以人類與身俱來的學習能力及侷限，建議讀者比較實際的學習方式例如，提升記憶的方法，提升理解的「相鄰可能」，「自然頻率」等等，讓讀者能夠更全面的瞭解不同的學習方式，從而可以為自己編排一套適合自己的學習方法。

因此，我鼓勵所有想在學習裡達到更深程度的終身學習者不妨參考此書，從而獲得啟發。

——Kathy Yap

學習就如淘金，筲箕的濾網要編得大小適中、恰到好處，才能篩出金子、濾走雜質。談學習的書多如牛毛，但多強調甚至「神化」一家之長。即使理論無敵，實際操作時經常難以持久，若依書織筲箕，孔洞必會大小不一，最終蹉跎歲月，兜兜轉轉，顆粒無收。

能綜合評述各家長短、去蕪存菁，並結合認知心理學最新成果的學習書，近乎可遇不可求。很有幸，去年遇到了 4think. net、《盜賊・演員・進化人》及背後的靈魂人物大輝，繼而遇上《深度學習的技術》一書。

細閱後，深感學習技術之道的探求終可暫告一段落矣。省下了大量時間，感恩，再感恩。

——MA CHON IP

對於學習如果有覺得迷惘的地方，此書將提供給你一套架

構，讓你能更有效率的知道如何學習。

——Wolf Lee

相較於其他坊間學習方法的書來說，這本書的架構嚴謹，並經作者整理消化，相當易讀。使我反覆去思考自己在這五個層次的做法是否可以更加精進，而這五個層次也是一套可以循環使自己進步的系統。

本書最高宗旨就是鼓勵讀者真正運用這些概念，去經營個人項目，讓自己人生更加豐富。以大部分市面看到的書來說，常常是羅列了許多方式（但難以實踐），或整本書只談一兩種工具，而應用層面也讓人不著頭緒。書中囊括了許多解釋這些學習方法及概念的理論根據，得以清晰理解學習時需注意的要點，相當容易內化。

在學習時，亦可當工具書查閱工具實際執行運用，作者更另外創造了學習型社群，提供學習者們一個相當好的知識的交流平臺，藉由社群互動而更能精進。相當推薦這本書，實為相當值得一讀的佳作，一頓品味成長的豐富饗宴。

——吳奕均

《深度學習的技術》可以說是整合高效學習方法，個人建議讀過後馬上就把它裡面方法實踐出來，可獲益良多，也能讓學習效益更持久。

——祁阿華

在閱讀的同時作者 Roxas 帶我進行了一次又一次的思考練習。「提取法」讓我比以前能更能記憶需要記起的事物，「發散思維」讓在一個問題撞牆時能跳脫框架，更靠近解決問題的路徑。

書中還有許多不同的思維工具可以應用。

最重要的，這些只要你願意都隨時可以帶入到生活中！

——陳重諺

　　這是一本非常有內涵和實用的書，作者深入淺出、鉅細靡遺地介紹和講解深度學習和增強記憶的方法。從學習的五個層次，記、懂、網、拓、活，一層一層介紹和講解，論據和解說皆非常深刻和到位。

　　此外，此書打破了許多學習和認知的刻板印象，並且也教導如何能讓短期記憶變成長期記憶的方法、教導如何能讓我們更具有創意、如何增強理解力、如何讓思考更具正確性等。

　　再者，讓我深刻理解到，如何成為通才，以及通才和專才的差別，通才不僅在知識面比專才更能觸類旁通、更具創新等之外，不可取代性和薪水也比專才來得高。

　　最後，作者更勉勵我們要終身學習，以及教導我們如何學以致用，並藉此讓生活變得更好。 因此，我真誠地向大家推薦此書，相信身為讀者的您看完此書後，一定會有所收穫和啟發。

——劉先生

　　這本書最讓我有感覺的地方有兩個：

　　第一，是源自於作者對於使學習最佳化的決心與意志。

　　第二，是作者擁有一顆確保理論能夠正確傳達並且實踐的體貼心。

　　以上兩點，使我感受到作者如同人生導師一般的存在感，讓我在閱讀時既是興奮又有著一點點害怕，害怕自己錯過了攸關學習的任何一點點知識……但這害怕的程度確確實實的只有「一點點」而已，這也正是作者的體貼心所在。

——薛博文

── 序 ──

是什麼讓一個人的成長速度比另一個人更快呢？

簡略的答案是：學習的深淺不一樣。

一個人若只著眼於知識的皮毛、表面，收穫自然會較少；反之，如果一個人總是追求深入的知識、穿透表象，收穫自然會較多。

但具體來說，學習的深淺該怎麼劃分呢？

我們先看一則經典的虛構故事：

在獲得了諾貝爾物理學獎後，馬克斯‧普朗克（Max Planck）先後到德國多個地方進行演說，解說當時在量子力學的新發現。

由於普朗克始終重複著同一套演說，一段時間後，就連普朗克的司機都熟記了他的這一套演說。一天，司機向普朗克說道：「教授，如果您不介意的話，能不能讓我代替您接下來在慕尼黑的演說呢？您只須戴上我的司機帽，舒服地坐在前排觀眾席觀看我演說就行。」普朗克聽後回應道：「可

以。」

於是，司機走上了講台，完整地把普朗克的演說講了一遍。演說結束後，觀眾給予了熱烈的掌聲。接著，來到觀眾發問的環節時，有人向他提出了一個深刻、刁鑽的問題，司機無法回答，於是說道：「我很驚訝，在慕尼黑這種先進的城市竟然會有人問出這麼淺顯的問題，我讓我台下的司機回答就好。」

以上這則故事的重點並不是想說司機有多麼機智，而是想說明學習深淺的差別——司機雖然能把演說的內容都說出來，但他並不是真的理解這些內容，他只是記下了這些內容，然後把內容重新播放出來，其作用與播放器所做的無異。

學習由淺到深，可以分成至少五個層次，其中**「記」是最淺的學習層次**，停留在這一層次的人通常只會單純地輸入知識，但不對知識進行任何思考。

與這一學習層次相應的，是填鴨式的教育方式。學生被灌輸知識主要是為應付考試——這導致許多受這種教育培養出來的人，也就是絕大部分人，忽略了學習的本質。

當然，人們早已注意到這種教育方式的各種弊端。例如，專注於記住知識而不是理解知識的學生，通常欠缺獨立思考，也欠缺解決新問題的能力。其原因也很簡單：思考和解決問題的能力是需要訓練得來的，而單純記住知識無法訓練思考。

既然填鴨式的教育方式不好，那為什麼這種教育方式至今依然出現在世界各地呢？

那是因為教育資源總是有限的，而學校透過考試測試學生有沒有記住知識，是一種最簡單、直接、經濟的測試學生的方法，這方法可以在教育資源有限的情況下兼顧最多的學生。教育資源若沒有獲得增加或找出替代方案，那麼這一種教育制度就會持續下去，人們依然會在學習中過分看重「記」這個學習層次。

除教育制度的問題之外，還有另一個原因——人們認為「知識沒被記住，就等於沒學過」，這個觀念帶來的恐懼進而產生了許多學習的誤區，而我們會在本書談到，為什麼你不應該太在意這一點。

「記」是最淺的學習層次，停留在這一層次的人成長最慢，收穫最少。儘管如此，這並不是說它無關緊要或者毫無用處。能記住知識還是很實用的，尤其對尚在校園求學的學生來說，記憶力的確能有效幫助學生通過考試，只是它不應該是學習的重點、終點。

我們會在第一章討論，怎樣的學習能夠增進你的記憶力。

「懂」是第二個學習層次。具體來說，**「懂」意味著你理解了知識，知道前因後果，知道這知識為什麼管用，能起到什麼作用。**

在任何時候的學習中，最低的限度是必須「讀懂」，至少達到基本的理解。

我們每個人都能輕易分辨出「記」和「懂」的差別，這裡就不多做解釋；但不是所有人都知道如何讓自身的理解力最大化——我們會在第二章討論理解力最大化的五個條件。

第三個學習層次是「網」，指的是由許多不同的知識點編織而成的「知識網」。

舉個例子，我們都接觸過攝影，而專業的攝影知識點其實有很多，你要知道如何操作相機、佈置構圖、凸顯顏色對比、用畫面說故事等等。

可以想像，一位真正的攝影高手在按下相機快門之前，會有意識或無意識地考慮這些知識點，有系統地考慮它們之間的相互作用、關係、效果，從而拍攝出他心中的高質量作品。他不會只應用一個知識點，而是會把多個知識點結合起來應用。

根據資訊理論，資訊能夠消除不確定性，就好像你和你的朋友相處得愈久，你就了解他愈多，愈能確定他的為人。同理，當愈多的知識點構成愈複雜的知識網，就能讓你在完成一個動作時處理、加工更多的資訊，能讓你在一瞬間運用上更多的知識點，因此你攝影所達到的效果和品質就會更好、更穩定。

學習的第三層次，是把不同的知識點連接起來形成一張「知識網」，你得融會貫通、熟練知識，才能成為高手。

但是，要怎樣才能加速這個過程呢？怎樣才能達到融會貫通的境界呢？這將會在第三章重點討論。

第四個學習層次是「拓」，「拓」是前面三個層次的延伸，是對知識網的拓展。

學習至少要達到「拓」的層次，進行縱向與橫向的全面拓展後，才能算得上是有深度的學習，也才能產生有深度、有價值的知識。

簡單來說，「拓」包含了三個維度的精進，亦即正確性、多樣性和創造性。

自人類能夠建構知識以來，從原始人開始，人類的知識總體發展趨勢就不斷在這三個維度進行開拓：

人類透過科學、哲學、數學來提升知識的「正確性」；人類透過一生的思考、學習、工作、研究，發掘了愈來愈多不同領域的知識，提升人類知識整體的「多樣性」；人類愈來愈看重使用知識進行發明、創新，愈來愈注重提升知識的「創造性」。

可以這麼說，拓展知識的正確性、多樣性和創造性，是人類永恆的追求。

我們會在第四章討論如何對這三個維度進行拓展，也會談到這個拓展工作能如何幫助我們在資訊時代的競爭中獲益，避開被人工智能淘汰的危機。

最後的學習層次是「活」。這個層次需要你對前四個層次有所理解才能掌握得更好，這裡就賣個關子按下不表，我們會在本書的最終章討論。

從本書開始到結束，我們會逐個探討不同的學習層次，援引科學研究的成果和理論，引薦經過時間證明有效的學習法，從記憶力和理解力的最大化，到建立自己的知識體系、編織知識網，用知識打造核心競爭力，再到改變人生的進程。我們會一層一層地不斷深入。

現在，讓我們從以下問題開始：

如果學習之後記不住，那學來幹嘛？

Contents

學習層次 1　記

── 第1章 ──

獲得很不錯的記憶力

如果學習之後記不住，那學來幹嘛？

如果學到的記不住，那麼就等於沒學過。

這個事實讓人們對學習產生了一種焦慮，由於深怕在學習過程中無法記住知識，所以學習者通常會把時間過度花費在記住知識而非理解知識上。你會在書上劃重點，反覆閱讀資料，並期望知識可以牢固、長久地記在腦袋裡。

如果學到的記不住，那麼就等於沒學過，這個簡單合理的事實雖然是事實，卻讓許多人產生了一種本末倒置的錯誤觀念：學習是為了記住知識，學習主要是為了記住知識。

之所以說這個觀念是錯誤的，是因為單純地記住知識，最多只能算作是一種搬運，是把知識從外面搬運到腦袋裡而已。這一項任務是沒多大意義的，甚至無須人腦來做，交給電腦做就可以了。

　　但或許有人會認為，專注在記憶其實並沒什麼問題，因為如果你擁有超強的記憶力，能夠把自己訓練得像電視節目裡的記憶大師那樣過目不忘，可以把所有的知識都記在腦海裡的話，那麼你和一個出色的專家也沒什麼不同，一樣可以從記憶中調用知識來解決任何遇到的問題。

　　但這種推論其實是錯誤的，因為所有能透過記憶來獲取的知識，都只能解決舊有的問題。所有寫在書上的、透過老師或任何媒介傳播的知識，解決的都是舊有的問題。而生活總是會遇到新問題或另類的問題，這些新問題和舊問題間會有一點或許多的差異，而面對這些問題你是無法透過回憶課本裡的知識來找到答案的。

　　舉個例子：青黴素（亦即抗生素的主要成分）可以用來殺死人體內的細菌，這一個知識點無需任何思考就能應用。但有些細菌會演化出抵抗青黴素的抗體，這時青黴素就無法殺死所有的細菌了，亦即「青黴素可以用來殺死人體內的所有細菌」這個知識點失效了，它無法用來解決新問題。

　　但幸好，科學家並不滿足於單純地知道「青黴素可以用來殺死人體內的細菌」。他們刨根究柢，搞清楚了青黴素之所以能夠殺死細菌的原因——因為青黴素裡面有一種特殊物質，亦即青黴烷，其能破壞細菌的細胞壁，所以才有殺菌作用。

接著，科學家還研究了青黴烷的分子結構，並以此改進發明了頭孢菌素，頭孢菌素能對付一些初代青黴素無法對付的細菌，解決了新問題。當然，接下來還會有更多的新問題出現，而如果人類只記住知識而不對知識進行深入思考，就不可能解決新問題。

同理，一個學習者如果只記住知識而不進行思考，那麼他就總會被新的問題難倒，哪怕他有超強的、過目不忘的記憶力。追求超強的記憶力並不是一個好選擇。

當然，一定程度地記住知識還是必須的，完全沒有記憶就等於無法學習，而生活中又有許多無可奈何之事。例如，許多考試其實考的是你的記憶力，而不是思考能力，而通過考試對許多人來說又是必須的。就算不用考試，一般人依然必須在日常隨時調用知識，老是忘記事情、知識，不見得是值得開心的事情。

記憶力依然是有必要加強的。事實上，「記」作為第一個學習層次，也扮演著「基層」的角色；一個人若無法記憶，就不可能進行之後的深度學習。

總之，我們不應該只看重記憶力、過分追求「超強的記憶力」，但希望自己有「很不錯的記憶力」則是合理的，並不過分。

但問題是，「很不錯的記憶力」對許多人來說也很難做到，

多數人對自己的記憶力並不滿意。這裡的「很不錯的記憶力」
的標準，是至少能讓學生順利通過考試，甚至考得好成績；是
能讓大人游刃有餘地調用學過的知識來應付工作，而不是看過
不久就忘記。

要做到這點其實並不容易。

記憶的條件

你的記性是否很好呢？

其實這是一個難以回答的問題，因為每個人都是「記性不
好」和「記性好」的混合體。

之所以這樣說，是因為我們不只會遺忘東西，而且遺忘的
速度之快，可以讓前五分鐘想到的東西，在後五分鐘就全忘了，
這是我們記性不好的一面。

但另一方面，我們也具備回憶幾年前，甚至幾十年前發生
過的事情的能力，我們能記住某張臉孔或名字一直到老死。這
是我們記性好的一面。

而這兩者同時存在意味著，我們的記性可以很好，也可以
很不好，我們是記性好壞的混合體。

心理學家把記憶分成「短期記憶」（short term memory）和「長期記憶」（long term memory）兩種。簡短來說，短期記憶是讓你暫時「hold 住」的記憶，當你嘗試記憶某人的電話號碼時，這號碼會進入你的短期記憶。但我們都清楚知道：電話號碼進入我們的短期記憶，並不代表我們能在一個星期後依然記得它；事實上，短期記憶只能「hold 住」15 到 30 秒。這是因為短期記憶沒能成功把電話號碼固化成長期記憶的結果。

而我們所謂的「記性不好的一面」，其實就是短期記憶還未被固化成長期記憶就被遺忘的結果；我們「記性好的一面」，其實就是短期記憶成功固化成長期記憶的結果。

但長期記憶到底有多長期呢？

無論你是記得幾個小時、幾天、幾個月，甚至幾年，那都算是長期記憶。這意味著，長期記憶的固化是有強弱之分的，固化程度不夠強，長期記憶就會很快被遺忘；反之，固化程度足夠強，長期記憶才能持久（當然，這是簡略方便、通俗的說法。）

那怎樣才能加強長期記憶的牢固程度呢？

答案是：如果你滿足了某些「記憶條件」，你就能記得很久；否則，你就很容易忘掉。

　　記憶條件分成很多很多種，以記憶幾行句子為例，如果你是在一些特殊情況，例如，有人拿著刀架在你的脖子讓你記住這些句子的話，這些句子就會能帶給你強烈的情緒，你會記得很久。如果這些句子帶有故事情節，讀起來有押韻、配圖，而且正在描述與你自身相關的事情，那麼這幾行句子就可以被記得更久。

　　反之，如果你只是在地鐵的廣告板看到幾行句子，它讀起來索然無味，講述著枯燥無聊的廢話，你就不大可能記得這幾行句子，因為這幾行字並沒有滿足記憶條件。

　　雖然讓人拿刀架著你可以讓你在恐慌中大大提升記憶力，但這並不實際且可行性低。在學習之旅中，你也不太可能要求每個描述知識點的句子都帶有押韻、配圖，並且描述著和你息息相關的事情。

　　幸好，除了上面這些記憶條件之外，認知科學家還找到了另一些在課堂中、學習之旅中方便使用的記憶條件，只不過這些記憶條件與我們的常識、直覺相悖。

重讀與提取練習

首先，多數人都錯誤地認為，如果要記得一些資料，那只要重複閱讀這些資料，直到自己對這些資料的記憶深深烙印在腦海中，就能夠記得很久。如果你要記住資料，你可能會花幾個小時，甚至一整天的時間重讀同一份資料。

但實驗顯示，重讀並不會加深記憶：

華盛頓大學進行的一項實驗，召集了來自兩所不同的大學，一共 148 名大學生，並要求他們閱讀摘選自教材和《科學人》雜誌的五個不同段落。學生分成兩組，一組只讀了一遍，另一組學生則在讀過第一遍之後，又立刻重讀了幾遍。

過了幾天後，實驗人員讓學生完成測試題來驗證他們的學習效果。最終實驗結果表明，無論只是閱讀了一遍還是密集地重讀了幾遍，學生的成績幾乎一樣。❶

重讀對長期記憶沒有多大用處，但還是有許多人透過重讀來學習，有一項調查顯示，重讀是最多人使用的學習方式，佔據了接受調查的 84％。❷

但既然重讀無法讓人們記憶得更久，為什麼還是那麼多人

嘗試透過重複閱讀來加深記憶呢？

　　這是因為主觀感受帶來了錯覺。簡單來說，當你重複閱讀資料時，你會在當下強烈感覺到資料被「記住」了，如果這時立刻讓你進行考試，那麼你的成績的確會比較好。但事實上，資料並未在大腦完成長期記憶的轉換，因此這一效果並不持久，過了幾天之後你依然會忘掉。

　　我們其實都有過這一類經驗，這就好像你嘗試記住某人的電話號碼。一開始你透過不斷複述號碼來「hold 住」記憶，直到你覺得已經記住為止，但無論當時你多麼努力，時隔幾天後，你還是忘記了那電話號碼。

　　那麼，怎樣才能加強長期記憶的固化程度呢？

　　專門研究學習與記憶的認知科學家亨利‧羅迪格（Henry Roediger）與馬克‧麥克丹尼爾（Mark A. McDaniel）進行的一項實驗，揭示了一個比重讀更有效幫助記憶的學習方式。

　　他們召集了 180 位大學生，讓他們閱讀兩篇不同的文章，並分成三組：第一組學生在 20 分鐘內重複閱讀文章四遍。

　　第二組學生在 15 分鐘內重複閱讀文章三遍後，被要求進行 5 分鐘的提取練習，亦即憑記憶在白紙上寫下自己能記起的內容。

　　第三組學生則只用了 5 分鐘時間閱讀文章一遍後，被要求進行三次 5 分鐘的提取練習，亦即憑記憶在白紙上寫下自己能記起的內容，之後白紙被收回，然後在新的白紙上回憶內容並再次寫下，如此重複回憶內容三遍。

　　完成上述的步驟後，實驗人員透過測試題來驗證學生們記得多少內容。結果顯示，重複閱讀組的學生記得最多的內容，其餘兩組則記得較少。

　　有趣的是，在過了一個星期後，實驗人員再次透過測試題來驗證學生們記得多少內容，這時實驗結果卻來了個逆轉。第一組學生，亦即把時間都用來重複閱讀的學生，忘記了一半以上的內容，成績最糟糕。

　　相反，第三組學生，亦即只讀了一遍內容，之後在紙上重複回憶並寫下內容的學生，他們記得最多內容，成績最好，而且他們遺忘的速度明顯地大幅降低了。

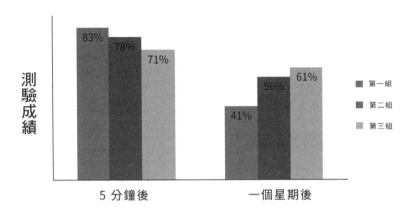

圖 1-1　三組學生於不同時間後的測驗成績對照圖。

資料來源 Roediger, H., & Karpicke, J.（2006）. "Test-Enhanced Learning: Taking Memory Tests Improves Long-Term Retention". Psychological Science, 17（3）, 249-255.

　　這結論可能會讓很多人大跌眼鏡——回憶竟然能比重讀更能讓人記住知識，回憶竟然比重讀更能加深記憶。

　　這種透過回憶，或稱「提取記憶」而得以讓記憶加強的現象，稱為「測試效應」（test effect）或「提取練習效應」（retrieval-practice effect）。

　　後續的研究還顯示，如果受試者在進行測試或考試時，**在提取記憶時感到愈困難吃力（但成功提取），知識就會記得愈牢**。當你感覺回憶的過程有點困難時，你就會記得愈好。相反地，重複閱讀雖然簡單且容易得多，而且如果立刻進行考試的話，你還能得到高分；但過了幾天之後，你卻會忘記一大半的內容。

這結論很反直覺,為什麼會這樣呢?

有個合理的解釋是,提取記憶會迫使你動用更多的「腦力」(激發更多的神經活動),這會加強你大腦的神經路徑、增加神經通路,因此你會記得更久。相反地,重複閱讀並不需要你動用太多的「腦力」,因此記憶就會比較淺。

那麼,如果我們在學習的時間維度上增加難度,或在學習的項目數量上增加難度,是否也能提升長期記憶呢?

答案是肯定的。

沒有痛苦,就沒有成長

如果讓你自由編排一個星期的學習時間,你會如何編排呢?

假設你是個學生,一天可以用四個小時來學習,你很可能會用完所有四個小時集中學習一個科目,例如:數學;然後你會在另外一天才轉換到另一個科目,例如:英文,以此類推。你會嘗試用一天甚至數天只專注學習一個科目,以期達到更好的效果。

但上面這個做法其實是低效的。研究顯示,面對同樣的知

識量，「集中在同一天完成」相比「分散在數天完成」學習，後者會比前者擁有更佳（甚至高出一倍）的長期記憶：

一項研究把 38 名外科醫生派往上課，但醫生被隨機分成兩組，一組醫生是在一天之內上完四堂課，另一組醫生同樣被分配了四堂課，但一週只上一堂課，用了四週時間。

上完課後過了一個月，所有醫生都參與了課程相關的考試，而結果是，隔週學習的醫生在各方面的成績都明顯高於集中在一天完成課程的醫生。**這意味著，進行間隔學習的醫生在長期記憶的表現更好。❸**

這個現象被稱為「間隔效應」（spacing effect）。有大量的實驗顯示❹，間隔效應通用在所有人身上，無論個體的年齡是多少，無論個體要學習的是知識還是體育，無論個體要學習什麼學科，間隔效應都是存在的。

間隔效應的存在意味著，比起你在一天之內用四小時學習數學的「集中練習」，把四小時分散在四天，每一天學習一小時數學的「間隔練習」能讓你記得更久。

這個事實同樣不符合我們的經驗和直覺。因為當你在一天之內完成四小時學習時，你會在事後感覺到自己學會了很多東

西，你會認為自己用了一天完成學習無疑比用幾天來完成學習「更快」。但事實是，主觀感受再次欺騙了你。

那麼，為什麼間隔效應會存在呢？要間隔多久再學習，效果才會更好呢？

有關睡眠的研究顯示❺，人類在晚上睡眠的時候，大腦會把當天的記憶轉化成長期記憶。因此，比較好的間隔時間應該是至少一天。

但間隔效應還不是全部。

假設你正在學習數學，而數學的課本裡有許多不同的主題，牽涉不同的概念。那麼，你會選擇讓自己「集中」學習一個主題或概念，亦即讓自己重複做某類數學題至熟練為止，抑或是讓自己「交錯」學習幾個不同的題目與概念，亦即讓自己做一下這類數學題，然後又做一下另一類數學題呢？

答案一樣是反直覺的。

研究顯示，集中學習一個主題或概念看起來是比較有效果的。如果你讓「集中學習」的受試者在學習後立刻進行考試，他們的成績會很不錯，但如果你讓他們在兩個星期後考試，他們的成績就會比較糟糕。

相反，如果你讓「交錯練習」的學生在學習後立刻考試，他們的成績會比較糟糕，但如果你讓他們在兩個星期後考試，他們的成績會比集中學習的受試者好上許多：

　　一項實驗把一組學生分為兩組，然後讓他們用同樣多的時間，同樣間隔的時間上數學課，他們被給予同一份數學教材，裡面的題目和概念都是一樣的，也被給予一樣的練習時間，唯一的不同是，第一組的學生會以集中題目的方式學習，亦即一次只學一個主題題目、數學概念，而第二組的學生則會以交錯題目的方式學習，交錯地學習不同的題目和數學概念。

　　課程完畢後的一個星期，學生被給予數學測試，結果顯示，（見圖 1-2）進行交錯練習的學生成績明顯高於集中學習的學生。

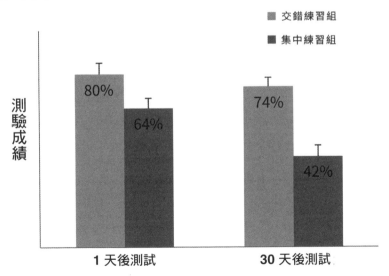

圖 1-2　交錯練習與集中練習於不同天數後的測試成績對照圖。

資料來源 Rohrer, D., Dedrick, R. F., & Stershic, S.（2014, October 20）．"Interleaved Practice Improves Mathematics Learning"．Journal of Educational Psychology.

這個現象被稱為「交錯效應」（interleaving effect），同樣，有大量的實驗顯示❻，交錯效應通用在不同的個體與情景。無論你的年齡是什麼，學習的是什麼科目，是體育還是科學知識，交錯效應都是存在的。

現在，回到我們剛開始的問題，如果讓你自由編排一個星期的學習時間，你會如何編排呢？

假設你一天只有四個小時學習，而得應付四個不同的科目，那麼最好的編排是：每一天都用第一個小時學習第一個科目，第二個小時練習第二個項目，以此類推。當你在學習一個科目時，交錯地學習裡面的知識點和概念。

另外，你還可以在學習結束前抽出 20 分鐘來進行提取練習，在白紙上憑記憶把今天的所學回顧一遍，這樣你就能獲得比一般學習方式好上一到兩倍的長期記憶。

但值得注意的是，你會在實踐這些建議時面對一大難題。

當你這樣度過努力學習的一天後，你的感覺會告訴你，什麼提取練習、交錯練習還是間隔練習，統統都是無效的。反之，集中練習、重複閱讀才是有效的。

研究顯示，如果讓學生在使用交錯練習和間隔練習之後對自己的學習效果進行評估，那麼大部分的學生都會認為自己的效率低落，只學到很少東西。相反，集中練習和重複閱讀讓學生感覺自己學到了很多。

這是因為提取、交錯和間隔練習，會比一般的學習方式更吃力、更困難，而當你覺得困難時，你會誤以為自己沒學到東西。相反地，集中練習和重複閱讀是容易的，這反而讓你產生「我已經記住了所有東西」的錯覺。

但在一個星期後的測試裡，那些交錯練習和間隔練習的學生總是能得到更好的成績。

提取、交錯和間隔練習會讓你感到困難、吃力、痛苦，但請謹記，這些學習方式其實都遵循著一個眾人皆知的諺語：

沒有痛苦，就沒有成長（No pains, no gains）。

1992 年，羅伯特‧畢約克（Robert Bjork）在他的研究中提出了「適當挑戰理論」（theory of desirable difficulty）。這理論指出，當學習時感到一定困難、挑戰時，記憶就會更牢固。

近年來，有愈來愈多實驗證據支持這個理論，亦即帶有難度的學習，能幫助記憶固化成長期記憶；帶有挑戰的學習，會讓神經路徑更穩固、增加神經通路。而且實驗還顯示：難度愈高，效果愈好（但前提是，難度不能高到讓你什麼都做不到）。

前面也解釋過，當你動用更多的「腦力」，激發更多的神經活動時，這會加強你大腦的神經路徑、增加神經通路，因此你會記得更久。

提取練習無疑比重讀更困難，因為你需要用力回想；間隔練習也比集中在一天完成練習更困難，因為你總是需要從上一次停止學習的地方重新開始；交錯練習也比集中主題練習更困難，因為前者需要你在不同的題目、概念之間來回跳躍到。

事實上，「帶有難度」這一記憶條件不止描述了上面這三種學習方式，認知科學家還發現另外兩種有效的記憶方式，也都遵循「帶有難度」這一條件，下面簡單介紹一下：

1. 生產效應（Generation Effect）

當你用自己的方式去重新複述知識點（而不是跟著書本來讀），或者在做填充題、開放式問題時，長期記憶會得到增強。這類似提取練習所帶來的測試效應。

2. 變動效應（Effect of Variation）

比起總是在同一環境學習的學生，轉換不同環境學習的學生會記得更好。換言之，不時轉換到咖啡廳、圖書館，會比總是呆在自己的臥室學習效果更好，雖然後者比較舒適。

綜合以上，我們得到了一系列可以增進長期記憶的學習方式，這些學習方式雖然不至於讓我們擁有過目不忘的記憶力，但還是比一般的學習方式（如重讀和集中學習）有效許多——再次強調，長期記憶高出一到二倍以上。

　　事實上，已經有不少人把本章重點介紹的提取練習、間隔練習、交錯練習和適當挑戰理論，統統運用到學習上，甚至出現了以此為基礎的學習法——也就是著名的「抽認卡」（flash card，又稱閃卡）。

學習名詞術語和外語的好方法

　　抽認卡尤其受到醫學生喜歡，如果你瀏覽醫學生的 Reddit 論壇的話，你會發現總有幾個問題在討論抽認卡的使用方法和軟體。這或許是因為抽認卡在記憶名詞術語方面特別好用，而醫學這個學科往往需要記住大量的名詞術語、知識點才能通過考試。

　　另外，抽認卡也很適合用來學習外語單字，有許多學習外語的應用程式也引入了抽認卡的系統來提升用戶學習外語單字的效率。

　　抽認卡的使用方法很簡單，首先是製作抽認卡。拿出一張前後空白的卡片，在卡片正面寫上你正在學習的知識點名詞，然後在卡片的反面寫上這一知識點的描述，以蘋果為例：

- 抽認卡正面：蘋果。
- 抽認卡背面：一種水果，擁有高纖維，據說是醫生推崇的水果。

你可以一天製作好幾張抽認卡，製作好抽認卡後收起來，接著在隔天開始複習這些知識點。先看看抽認卡的正面是什麼，然後在不看背面的情況下回憶這一知識點的描述，接著換下一張重複。

這樣，你在完成一輪上述步驟後，就等於同時完成了一次生產、提取、交錯和間隔練習了。

如果你嫌親手製作抽認卡太麻煩，那麼你可以透過另一種方式來製作抽認卡，亦即下載抽認卡的應用程式，諸如 Anki 或 Cram。這類應用程式同樣能幫助你完成提取、交錯和間隔練習。

事實上，這些應用程式還隱藏著另一大好處，那就是它們都內建 SuperMemo-2 系統。這個系統會計算出使用者的最佳複習間隔，讓你在適合的時間對卡片進行複習，還會根據卡片的難易度自動調整卡片的出現次數，讓你在複習期間較少重複已經熟悉的知識點，更常看見那些陌生的、你尚未記好的知識點。

這意味著，現今的抽認卡的應用程式已經將生產、提取、分散和間隔練習完美契合在一起供你使用了。這聽起來令人相

當振奮。

但是，抽認卡雖然可以讓你更能好好記住知識點、單字、名詞術語，而且可以讓你的考試成績更好。但要注意的是，**它不怎麼能讓你達到「融會貫通」的地步，它甚至不要求你對知識有所理解。**

以學一門外語為例，雖然你可以利用抽認卡來掌握單字，但你卻無法透過抽認卡來掌握外語寫作和交談。

儘管這個學習法比一般的學習方式更能增進記憶，但也有其明顯的侷限，理所當然地，它不適用於所有情況。

以考試做為標準的學習方式

本章所提到的所有關於增進長期記憶的學習方式，無論是提取、間隔、生產還是交錯練習，雖然無法一次性讓你做到過目不忘的完美記憶，但都能夠一定程度上加強、延長你的長期記憶。

儘管如此，這些學習方式依然不能讓任何人逃出「遺忘曲線」（forgetting curve，見圖 1-3）的規律，只要過了足夠長的時間，你依然會遺忘大部分的知識。若要保持記憶，你就需要

在自己遺忘之前複習，可能是一個星期或一個月複習一次，才能持久的保持記憶。

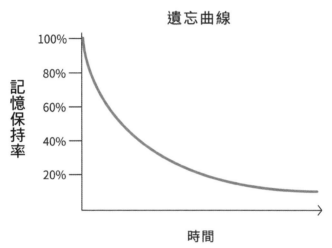

遺忘曲線

圖 1-3　遺忘曲線：每個人的遺忘速度不一樣，但總規律基本不變。

　　這意味著，你需要付出大量的時間成本來讓自己始終維持記憶，在理想的世界裡，你有無限的精力、動力和時間去這樣做。但事實是，每個人的時間就只有那麼多，如果你把時間用來複習知識、保持記憶，那麼你就喪失了做有更高產出的事情的時間，也喪失了更深層學習的機會。

　　事實上，你每一次投入時間讓自己複習知識以保持記憶，都是在進行一個回報率低，甚至可以說是虧損的買賣——每一次你完成複習知識之後，記憶就會重新進入遺忘曲線，自然而然會再次遺忘。

　　因此，我們不應該過分專注在記憶，也無須在維持記憶這件事上投入太多成本（除非你要應考）；一般而言，**多數重要、有用的知識，通常都會在日常生活中重複遇到，也會在好書裡重複遇到。**

　　但這不是說我們就完全不用費勁去加深記憶，明智而平衡的做法是：**盡可能讓記憶條件自然融入學習之中。**

　　以閱讀文章為例，你可以讓自己交錯閱讀同樣主題但不同觀點的文章，然後在閱讀文章的六個小時到一天之後才開始做筆記，這樣你才會在提取練習時感到有難度。做筆記的時候讓自己在白紙上自由回想，把能回憶到的知識用你自己的方式寫下來，直到實在回想不到的時候才重看資料，然後再補充到筆記裡。

　　這樣的學習方式能讓你打從一開始就比他人記得更牢，至於往後要不要投入更多的時間來複習、維持記憶，抑或是把時間用在接下來我們將介紹的學習方式，只能視個體的情況、需求而定。

　　我自己是傾向於在學習時利用本章提到的學習策略，一次性加固自身的記憶，這足以讓我比大多數人記得更久。但我不會在之後進行任何複習，因為我認為我不會完全遺忘掉。

　　一位學習專家把十四篇有關記憶的研究整合起來計算，發現當學習者用正確的方式來學習時，部分記憶可達八年以上。❼另有研究指出，哪怕只是你稍微讀過的資料，也可以把資料中的一部分內容永久保存在記憶之中（注意，是一部分內容，但不是全部）。❽

　　前述提出「適當挑戰理論」的認知科學家畢約克甚至認為，人可以永久、無限儲存任何內容在記憶裡，❾只是這些記憶會隨著時間流逝而變得難以提取。例如，你可能會想不起怎麼寫「甕」字，但當你在某處看到這個字時，你會認得它、知道它的意思，這個字就儲存在記憶裡，但你在看見它之前卻無法提取。

　　這些研究結果暗示著，你雖未必能完美的記住、回想所有你讀過的書和學過的知識，但這些內容的一部分還是會被保存下來的。**換言之，遺忘曲線並不會觸底，不會讓你完全忘記。**

　　而生活在這個資訊時代，對內容保有一部分的記憶其實就已足夠了，因為我們隨時可以透過搜索引擎去尋找其餘的部分。

　　例如，我在幾年前看過某個二戰時期的統計學家的故事，這故事很精彩，但我早已把故事的具體內容都忘了，只記得「二

戰」、「戰鬥機」、「子彈孔」、「統計學」這幾個字眼。於是我上網進行搜索，果然讓我找回了這一個故事，這是一則有關「倖存者偏誤」的真實故事。

我用了多少時間去搜索呢？大概 30 秒吧，然後花了 2 分鐘重看該故事，這就是我的全部成本。

你可能會說：「那是因為谷歌聰明，而不是因為你聰明啊！如果過度依賴搜索引擎，人是會變笨的。」

沒錯，我以前也這麼想。互聯網的確可能讓人變笨，但那是因為人放棄了思考，讓搜索引擎包辦了思考。但事實上，互聯網也可以讓人變得聰明，只要你沒有放棄思考，那麼搜索引擎會成為你儲存知識的記憶庫，解放你的大腦；你會因此而得以把更多的注意力放在思考重要的事情上，而不用分心在記憶上。

現在，你終於可以放下心頭大石了。「如果學習之後記不住，那學來幹嘛？」這個問題，將不再是你學習上的阻礙，因為你已經得知能「獲得很不錯的記憶力」的學習方式，這足以讓你勝於一般人。而你也知道你無須追求完美的記憶。

最後，本章討論的學習方式還不算是有深度地學習，「記」只是學習的第一層次而已。前面所說的各類學習方式雖然經過許多科學家證實有效，**但這「有效」是建立在「學習好 = 考試成績好」為前提的。**幾乎所有相關研究，都是以考試來衡量學

習方式的有效性。

　　雖然應考幾乎對每個求學的人來說都無可避免，但應考只是人生中的一小部分，是學習之旅的一部分而已。我們還沒談到能真正終身受用的學習方式，我們必須超越「學霸」的層次。

　　我們需要再往深一層。

學習層次 2　懂

── 第 2 章 ──

理解力最大化

學習的愉悅,來自於打開一扇門,
並因此發現了全新的世界。

　　要獲得解決問題的能力,你首先得理解問題;要獲得運用知識的能力,你首先得理解知識;有了深度的理解,才能找到問題的本質;有了深層的理解,才能對問題提出深刻的答案。

　　理解力是和辦事能力直接相關的,能夠好好理解問題,並且運用知識解決問題,幾乎是每個職業的必備條件。

　　但每個人的理解力是不對等的,有些人能輕易地對知識達到深層的理解;有些人無論重複多少次一樣的知識,依然只能做到淺層的理解。而正是理解知識的程度不同,直接造成了人與人在能力上的差異。

　　但是,怎樣才能提升自己的理解力呢?怎樣才能讓理解力最大化呢?

　　這個問題並沒有簡單的答案。具體來說，這個問題的答案至少有五個，因為理解力最大化有五項條件。

條件一：理解的相鄰可能

　　認知心理學家基思 ‧ 斯坦諾維奇（Keith Stanovich）的研究表明，人類的閱讀能力也普遍存在「馬太效應」（Matthew ef-fect）。馬太效應原指的是「貧者愈貧，富者愈富」的現象，人類的閱讀能力也是如此——**愈少閱讀的人，閱讀能力愈低；閱讀量愈大的人，其閱讀的速度會愈快，理解內容的能力也同樣會更好更快。**

　　斯坦諾維奇解釋，這現象背後的原因，是因為大量閱讀的個體會有更大的詞彙量、更熟悉各個詞彙的區別與含義。這能夠降低個體在閱讀時的認知負擔，當個體能輕易提取詞彙的意思時，就會有更多冗餘的工作記憶（working memory）容量來加工文字背後的抽象概念，進而促進了理解力（我們在後面還會提到工作記憶和理解力的關係）。而且認知負擔的降低也意味著閱讀會變得更有趣，而不是更累，個體也就更可能讀更多的書。

我認為，閱讀的馬太效應還有第二個原因，那就是相鄰可能（adjacent possible）。

相鄰可能是生物學術語，由生物學家斯圖亞特 · 考夫曼（Stuart Kauffman）提出，簡略來說，相鄰可能的含義有二：

其一，生物的演化必然是發生在相鄰可能範圍之內。例如，原始細胞可能會演化成高等一些的細胞，但不會在一夜之間演化出人類。

其二，生物每一次演變都會打開新的相鄰可能。例如，原始細胞演化成高等一些的細胞後，又能再演化出更高等更多功能的細胞，只要慢慢給予足夠長的時間，比如說幾十億年，就可能會演化成各種動物，包括人類。

著名作家史蒂芬 · 強森（Steven Johnson）在《偉大創意的誕生》裡形象化地比喻了相鄰可能，他形容：

相鄰可能有一種奇異的美，因為一旦對它的邊界進行新的探索，之前的邊界就會重新擴展。新的組合變化為另一些變化，提供了進入可能空間的鑰匙。就好像是一座施了魔法的房子，你每打開一扇門，都會發現一些新的、別有洞天式的美景。

最初，你來到一個有四扇門的房間，每一扇門都通往一個新的房間，每個房間都是你之前沒有踏足過的。這最近的

四個房間可以比作「相鄰可能」。然後，當你打開了其中任何一扇門，你便來到了另一個新的房間。這個房間的另三扇門又通往了三個不同的新房間，並且這三個新房間在你推開最初的一扇門之前，即你站在起點時是完全不可能靠近的。

如果你不停地推開眼前的新門，最終你就可以走遍一座宮殿。

相鄰可能這一概念也可以用來比喻人的理解力，我們理解事物的過程並不是一蹴而成的。

顯而易見地，你可以輕易理解「我喜歡貓咪」這個句子，但如果這個句子是用你不懂的語言來表達（例如，泰米爾語的「我喜歡貓咪」寫作 நான் பூனைகள் பிஃரல），你就不可能立刻理解它的意思。你清楚地知道，你理解「我喜歡貓咪」這個句子是建立在你懂得中文的前提之上的。

同理，一個知識點能否被你所理解，除了語言的因素之外，最重要的因素就是你是否具備了「前提知識」。舉個例子，假設你從未學過任何醫學術語，也不了解醫學的基本知識，這時讓你嘗試閱讀醫學論文的話會發生什麼事呢？

你會發現你無法理解論文在寫什麼，你不知道裡面提到的「高錳酸鉀液坐浴」到底是什麼，哪怕這裡面寫的都是中文字。

這例子充分地呈現出兩點。首先，要達到某個領域、某個

學科深處的知識，你必須有遞進的理解。要理解第三層知識，你必須先理解第二層知識；要理解第二層知識，你必須了解第一層知識。**這是理解一個知識的硬性條件。**

另外，這也暗示著，**強大的理解力是透過累積更多的詞彙、知識、概念和規律發展出來的。**你的詞彙量、知識量愈大，懂得的概念愈多，你能夠輕鬆理解的知識就愈多，因為你擴展了自己所能理解的相鄰可能。

從這個角度來看，使用速讀術學習無疑是浪費時間和精力，因為加快、加深理解知識的基本條件，是獲得更多的知識。增進閱讀速度的基本條件，是你對該領域到底有多熟悉，理解有多深刻。

想像一個有速讀經驗的學習者，他雖然擅於速讀，但他從未接觸過醫學領域的知識。這時，若你讓他看一篇醫學論文，他可能很快就可以看完，他甚至還可以記住一兩段文字。但無論他花費多大的力氣，他都不可能會明白這一篇論文，因為裡面的醫學術語指的是什麼、說的是什麼，他一竅不通。

如果他不具備前提知識，或是本來就沒仔細讀過關於醫學的書籍，那麼那些一目十行的表面功夫是無法為他帶來什麼好處的。

但如果換作是一個醫生來閱讀這篇論文，哪怕這位醫生不曾學習過任何速讀法，他也能流暢閱讀整篇論文，理解裡面的

知識點。他讀的速度可能不快，但每一句話他都讀得明白，他只要讀一遍就能比前面那位理解得好、更快。

速讀這件事，只要你是在自身已經熟悉的領域，它就會自然地發生。

那麼，如果這位醫生也講求速度，強行加快自己的閱讀速度的話呢？

那麼他也有可能會犯下理解錯誤，因為速讀法就是用準確率換取速度的閱讀方式。**你愈是強迫自己加速，理解出錯的可能性愈高。**這是一個很公平的買賣。

話說回來，相鄰可能告訴我們，要打開知識深處的第十扇門之前，我們得先通過前面的九扇門，相鄰可能描述的是一種限制，而這產生了兩個問題：

第一個問題是：相鄰可能是不是告訴我們什麼都必須從低處學起呢？

這問題的對錯各一半。對的地方就在於，我們的確需要一些基本知識，才可以理解更深的知識；錯的地方在於，**我們其實只需要一定的基本知識，而不是全部的基本知識。**

正如你不用把英文字典看到滾瓜爛熟才可以用英文交談一樣。你只需要達到一定程度，學會了一些英文單字（而不是全部的基本單字），就可以開始強迫自己進階，挑戰英文會話。

又以學習畫畫為例，你未必需要理解所有的色彩知識才能

畫得出一幅好畫。你只需要稍微懂得怎樣用色，再加上適當的磨練，就足以畫出一幅不錯的畫了。

儘管理解所有的色彩知識當然能對你的作品有幫助，但你不用死板地「按部就班」，強迫自己先學會所有的基本功，然後才進階。

你只需要打開相連的門就可以到達深處，而無須打開所有第一層的門才前往第二層。

要知道，現實生活中的學習，往往是在你學習進階知識的過程中才得以磨練好基本功，才能對基本功產生更好的理解，而不是反過來。

相鄰可能帶來的第二個問題是：是不是一個人只要來到第十扇門面前，他就一定可以打開第十扇門呢？

換個說法，是不是只要某人具備了充分的前提知識，就一定能完全理解任何相鄰可能之內的知識呢？

非也。

條件二：理解的發散模式

有時個體之所以無法理解某個知識，不是因為他不具備前提知識，而是因為慣性思維矇蔽了他的眼睛，讓他看不見其他的可能性。

舉個例子，如果有一個小孩問你 1+1= 多少，你的思維定勢會告訴你答案是 2。但小孩卻說你的答案是錯誤的，但為什麼是錯誤的呢？

其實，答案是一個「田」字，這其實是一個腦筋急轉彎的問題。儘管你認識「田」這個字，也能夠輕易理解答案會是田，是因為把「1+1=」寫在一起就成了田字。你早就具備了理解這一問題的前提知識、條件，但當問題出現時，你就是一時想不明白為什麼 1+1= 不是等於 2。

這意味著，理解一個問題或知識，除了要具備前提知識之外，你還需要思索出正確的理解角度——如果用開門的比喻來描述，就是你雖然來到了門前，具備了鑰匙，但卻還沒找到正確的鑰匙打開門。開門所需的鑰匙雖然就在你腦海中，但你未必知道哪一把鑰匙能打開門。

當然，如果一開始我就告訴你這是個腦筋急轉彎的問題，提示了你應該從這個角度去理解的話，你可能會很快就想到答案，但這正是我想表達的——**只要找到正確的理解角度，問題**

的答案往往會很容易被揭開。有時候我們會覺得某個知識點很難理解，就是因為當時的我們找不到正確的角度去理解。當我們想通了之後，又會發現問題的答案其實很簡單。

而在現實生活中，「找不到正確的角度去理解」是經常發生的事情，這主要是因為人的認知偏誤（cognitive bias）造成的限制，一個是「定勢效應」（Einstellung effect），也就是「慣性思維」（或稱「思維定勢」），亦即你會用舊有的認知來理解新事物、問題，像前面提到的那樣，大部分人都會把 1+1 看作是數學題來解答。

另一個常見的認知偏誤是「功能固著」（functional fixedness），亦即你使用一個事物的方式，往往會侷限於最常見的功能。舉個例子，若有人問你：「錘子除了用來捶打東西、撬開東西和當武器使用之外，它還有什麼功能呢？」

如果你嘗試回答這個問題的話，會發現它比想像中困難。儘管你可以很容易理解錘子還可以用來當雜技表演的工具，或是有透過揮動鍛鍊手臂之類的功能，即使你都能理解，但你就是很難想到。基本上，你可以把功能固著看作是慣性思維的一種。

那麼，怎樣才能打破慣性思維呢？怎樣才能在理解知識的過程中，找到正確的角度呢？

答案是：讓自己變得更有創意。

　　神經科學家在 21 世紀發現大腦中的兩種思維網絡模式，一種叫「專注模式」（focused mode）。你可以將其理解為專注的、集中的思維狀態，專注模式會激發大腦某個區域的神經元（激發區域視你在思考什麼而定），讓你的思緒聚焦在一個點上。通俗來說，專注模式就是一般我們所說的專注思考。

　　另一種叫「發散模式」（diffused mode），是一種放鬆的、不定的思維狀態，發散模式會激發較廣的、多個不同區域的大腦神經元，讓你的思緒天馬行空。

　　普遍認為發散模式與人的創意力息息相關，因為與專注模式聚焦在一個點的特性不同，發散模式更像是在多個點來回跳躍的思維方式。❶發散模式也可以稱為創意思維。

　　在日常中，我們會有意識或無意識地在這兩種模式之間來回切換，當你嘗試緊繃神經、聚精會神處理手上的任務時，你的大腦自然會切換到專注模式；當你進行洗澡、散步、發呆等各類輕鬆的活動時，你的大腦會切換到發散模式。這個大腦模式的切換是自然而然地發生的。❷

　　當個體切換到發散模式時，個體的創意會提高。一項有趣的實驗發現，與坐著思考相比，一邊散步一邊思考的受試者可以列舉出更多鞋子的功能（除了穿在腳上之外的功能）。換言之，散步所啟動的發散模式，可以提升個體的創意，降低功能固著這個認知偏誤的影響。❸

但這些都不是重點，重點是創意能帶來更好的理解力。

有研究表明，創意力和理解力是相關的❹❺，當學生有較高的創意力時，閱讀理解能力也會較高。而背後的原因很簡單：

創意能讓個體打破慣性思維，讓個體用一個新的角度去思考、理解問題，從而獲得新的答案、新的理解。

相反地，沒有創意的人，通常就只會用固定的幾個角度去思考問題，也因此總是碰壁。

既然創意能提升理解力，而放鬆的發散模式又能帶來創意，那麼我們可以簡單地得出一個增進理解力的策略。那就是在理解難題時，我們應該放鬆自己去散個步或洗個澡之類的，這可以幫助我們想通難題。

創造力研究專家霍華德‧格魯伯（Howard Gruber）提過一種能提升創意的 3B 方法：睡覺（Bed）、洗澡（Bath）、搭公車（Bus）。這三種活動都會讓你的狀態放鬆，從而進入發散模式。阿基米德（Archimedes）就是在家裡洗澡時想到了國王給出的一個難題的答案，並提出了浮體原理。

另外，歷史上有不少偉人都喜歡在散步時思考問題，無論是伊曼努爾‧康德（Immanuel Kant）、阿爾伯特‧愛因斯坦（Albert Einstein）還是查爾斯‧達爾文（Charles Darwin），他們都有固定的散步時間。發明家尼古拉‧特斯拉（Nikola Tesla）就是在布達佩斯的公園裡散步時，發現了可逆磁場。

　　但問題是：一般人在面臨難題時，並不會想到要去散步或洗澡來放鬆自己、轉換到發散模式，而是會讓自己更用力地繃緊神經，專注地去思考知識的含義。人們的常識以為專注模式才是解決問題的方法，而無法解決問題通常是因為不夠專注。現在，我們知道事實剛好相反。

　　當你在複習那些你已經掌握、容易理解的知識時，專注模式固然是高效的；但當我們遇到難題、遇到無法理解的知識時，專注模式就會變得極為低效。因為專注模式會讓你拚了命地使用手上那幾把鑰匙重複去做開門的動作，儘管這些鑰匙無法打開前面的門。有時，專注模式會讓你被眼前難題所困，好幾個小時都沒有進展。

　　這個時候，應該讓自己切換到發散模式來思考。以散步為例，具體操作如下：

　　帶著你的問題散步，一邊散步一邊思考問題。在散步的時候你會感覺到比較放鬆，不時會分神思考其他無關痛癢的事情、做白日夢等等。一旦你注意到自己正在做白日夢，就把思緒轉回到問題上，繼續一邊散步一邊思考。

　　除了散步之外，透過準備入眠來放鬆自己也是個好方法。我在認識到發散模式能對理解知識有幫助前，就已經下意識地使用發散模式來解決問題。通常，我在晚上閱讀後、上床睡著前的半睡半醒狀態下會有特別多靈感，一些書中沒有提到的觀

點和思考角度會在這時湧現出來，然後我會趕快爬起來將這些想法寫下。

你可能也有過這樣的經驗，亦即發現自己快入睡時特別會想東想西，甚至想得比白天更深。據說，湯瑪斯‧愛迪生（Thomas Edison）也發現了這個現象。當他遇到棘手的問題時，他會拿著球躺在躺椅上，旁邊放一個盤子，然後嘗試讓自己放鬆，進入發散模式思考問題。當他不小心睡著時，手中的球就會掉到盤子上發出響聲讓他驚醒，他便能趁著這個時候把自己在半睡半醒中思考出來的想法寫下。

你可能會覺得用創意來解釋理解力有點不妥，畢竟創意要求我們跳出框架，用獨特的思考角度去思考問題，把這一點放在理解知識這個目標上，真的行得通嗎？

如果你有這樣的想法，那可能是因為你認為問題總是有固定的答案，知識點就只可以有一個理解角度。但事實上，同一個知識點其實可以透過多個不同的方式、角度去理解和證明。例如，幾何學中的「畢氏定理」至今已有三百多個不同的方法可以證明，也就是你可以用數種不同方法來理解畢氏定理。

當然，不是每次進入發散模式都會有所收穫。有時不是你找鑰匙的能力出了問題，而是你根本沒有相應的鑰匙；有時則是問題的難度很大，眼前的門有太多鎖頭了，你需要找到多個不同的鑰匙組合才可以開門。

　　總而言之，要理解一個知識點，我們就需要找到破解問題的思考角度、開門的鑰匙，而這有時會需要我們進入發散模式。

　　另外必須提醒的是，我不是說專注模式就對學習無益。專注模式和發散模式在學習中所起到的作用各有不同，你可以把發散模式理解成一個探子，它會在你的腦中找到適合的思考角度、路徑，然後匯報給你。它只是報告一個角度，僅此而已，但接下來的工作才是讓你對知識有透徹理解的關鍵。你必須專注地對這條新思路進行仔細思考、推理。這時你可能會發現其實這思路並不正確，也有可能你會發現這條思路行得通。

　　無論如何，面對難以理解的知識點，你需要找到可行的思路後再深入思考、理解，如此才能攻破知識的壁壘，對知識產生更透徹的理解。

　　我們會在條件四談到「透徹理解」這一點，在那之前，讓我們先探討理解力最大化的第三個條件。

條件三：理解的自然頻率

　　人腦對幾件事情是特別敏感的。首先是物理運動，你無須拿出紙筆計算花瓶掉落的速度是多少，花瓶有多重、多堅固，

就能在花瓶往下掉的那一剎那知道它一定會摔碎。我們也可以在各項運動中憑直覺快速接球傳球，而無須使用物理方程式計算。

其次是，人類對人類群體很敏感。在一個群體之內，你能夠輕易感覺到誰是馴良的綿羊，誰是領頭羊、誰又是狼。同樣地，你也沒有拿出任何紙筆來計算，甚至也沒有人教過你要怎樣分清楚羊和狼，但你就是隱約感覺得到。

其三，人類對自己很敏感，對跟自己相關的事情很敏感。比起陌生人的名貴跑車，我們會更關心自己的舊車；比起陌生人的未來，我們會更關心自己的未來。你有一切的動機、動力去關心自己多於他人。

那麼，知道這些對理解力有什麼幫助呢？

有很大的幫助。但在我開始闡明原因之前，我們得先看一項與理解力無關，但與「理性決策」有關的研究：

丹尼爾・康納曼（Daniel Kahneman）和阿摩司・特沃斯基（Amos Tversky）做了一項有關決策的著名實驗，他們問了實驗受試者下面這個問題：

假設美國正在為一種罕見的亞洲疾病的爆發做準備，這種疾病預計會奪走 600 人的生命。現有兩種對抗該疾病的方案。

方案 A：如果採用方案 A，則有兩百人會獲救。

方案 B：如果採用方案 B，則有三分之一的機率救治
　　　　600 人，有三分之二的機率無人獲救。

你會使用哪種方案？

　　要注意的是，這兩個方案雖然看起來是不一樣的，但在數學意義上，它們其實是相同的、對等的，只不過方案 A 會更「確定」，而方案 B 則充滿「不確定」。

　　儘管如此，大多數的受試者都選擇了方案 A，表現出了對「確定性」的明顯偏好。但實驗並沒有到此結束，康納曼和特沃斯基給了另一組受試者同樣一個問題，但換了一種表達方式：

　　假設美國正在為一種罕見的亞洲疾病的爆發做準備，這種疾病預計會奪走 600 人的生命。現有兩種對抗該疾病的方案。

方案 A：如果採用方案 A，則有 400 人會死亡。

方案 B：如果採用方案 B，則有 1/3 的機率無人死亡，
　　　　有 2/3 的機率導致 600 人全數死亡。

你會使用哪種方案？

簡單來說，你要留意的是，以方案 A 為例，問題一和問題二的的結果都是 600 人中會有 400 人死亡，200 人得到救治。這意味著，第二個問題和第一個問題其實是完全一樣的，只是康納曼和特沃斯基把表達方式從「救治多少人」換成「多少人死亡」而已。

那麼，按邏輯來說，回答第二問題的受試者也應該會偏好選擇方案 A，因為第一問題和第二問題的方案是一致的。

但實驗結果卻顯示，回答第二問題的大多數受試者都給出了相反的答案，選擇了方案 B。這意味著，人的決策是非理性的，只要你把問題的表達方式從「收益」換成「損失」，人的決策就會改變，儘管兩者的結果是一樣的。康納曼和特沃斯基將這種現象稱為「框架效應」（framing effect）。

這證明了人類的大腦普遍會把「600 人有 400 人死亡」和「600 人有 200 人得到醫治」這種邏輯一致的東西，當作是兩種不一樣的東西來看待，學界普遍認同這個結論。

但轉折點來了：認知科學家王曉田做了一項實驗，實驗用了同樣的亞洲疾病問題，也同樣用了兩個版本給兩組不同的受試者，一個用救治來描述，一個用死亡來描述，唯一的不同之處是：**問題中提到的人數減少了，從 600 人變成了 60 人。**

王曉田版本的問題一：

假設美國正在為一種罕見的亞洲疾病的爆發做準備，這種疾病預計會奪走 60 人的生命。現有兩種對抗該疾病的方案。

方案Ａ：如果採用方案Ａ，則有 20 人會獲救。

方案Ｂ：如果採用方案Ｂ，則有 1/3 的機率救治 60 人，
　　　　有 2/3 的機率無人獲救。

你會使用哪種方案？

王曉田版本的問題二：

假設美國正在為一種罕見的亞洲疾病的爆發做準備，這種疾病預計會奪走 60 人的生命。現有兩種對抗該疾病的方案。

方案Ａ：如果採用方案Ａ，則有 40 人會死亡。

方案Ｂ：如果採用方案Ｂ，則有 1/3 的機率無人死亡，
　　　　有 2/3 的機率導致 60 人全數死亡。

你會使用哪種方案？

實驗得出了驚人的結果，當題目中的人數從 600 人降到 60 人之後，則不管怎麼描述題目都不會影響人們的選擇，兩組受試者在問題一和問題二的選擇沒有太大差別。

這意味著，我們同時存在著兩種看似相反的結論。一方面，人類普遍會把「600 人中有四百人死亡」和「600 人中有兩百人得到醫治」看作是兩件不同的事情，表現出非理性、不邏輯的一面。

另一方面，人類又普遍可以把「60 人中有 40 人死亡」和「60 人中有二十人得到醫治」看作是同樣的東，表現出理性、邏輯的一面。

現在問題是：為什麼當問題裡的人數從 600 人下降到 60 人之後，會出現不一樣的結果？人會表現得「更有邏輯」了？

這很可能和人類的祖先有關。演化人類學家羅賓・鄧巴（Robin Dunbar）發現，原始人類的部落人數很少會超過 150人，人類社會各種「原始」組織的規模一般都在 150 人之內。以村莊的規模為例，不管是早在西元前六千年的村莊，還是近代 18 世紀的村莊，其人數最多都在 150 人左右。

這 150 人就是著名的「鄧巴數」（Dunbar's number）。事實證明，「鄧巴數」確實是一個神奇的數字，除了原始部落以外，羅馬軍隊的一個基本作戰單位，一般就在 150 人左右。甚至有社會學家發現，一家公司如果有超過 150 名員工，管理就會開始出現問題。❻

但為什麼這個人數是 150，而不是 300，或者 650 呢？

鄧巴通過計算人類和其他物種的大腦新皮質比（neocortex

ratio）後發現，人類大腦可以處理的社交關係上限，大約就落在 150 人左右。

現在回到我們前面的問題——當亞洲疾病問題裡的人數從 600 人下降到 60 人之後，人類看問題普遍變得更理性、邏輯了，很可能就是因為 60 人是在鄧巴數之內。而這是人類大腦所熟悉的範疇，所以在這個數目以內的問題，思考起來可以更清晰、理性。

而這暗示著，有些知識與問題，是自然容易被大腦理解的，有些則相反。

認知科學家歌德‧吉仁澤（Gerd Gigerenzer）在另一項實驗的結果支持了上面這一觀點。該實驗讓 160 名資深醫生使用以下的統計數據：

■ 女性罹患乳腺癌的機率是 1%。
■ 如果一位女性患有乳腺癌，那麼她的鉬靶檢查（一種檢查乳腺癌的方法）結果為陽性之機率為 90%。
■ 如果一位女性未患有乳腺癌，她的鉬靶檢查結果為陽性之機率為 9%。
■ 如果一位女性的鉬靶檢查結果呈陽性，她罹患乳腺癌的可能性有多大？

正確答案是大約 10％。但當 160 名資深醫生面對這種機率問題時，只有 21％的人給出了正確的答案。這意味著，哪怕是資深醫生，也不太善於應付這一類有關機率的數學問題。

但轉折點來了，吉仁澤做了另一項實驗，這項實驗找來了另一群醫生，然後給出了同一數據和問題，但是，描述問題的方式不同了：

■ 每 1,000 位女性之中，就有 10 位女生罹患乳腺癌。
■ 而在這 10 位女性中，就有 9 位女生的檢查結果呈陽性。
■ 就算在未患有乳腺癌的 900 位女性中，也有 89 位女性的檢查結果呈陽性。
■ 如果一位女性的鉬靶檢查結果呈陽性，她罹患乳腺癌的可能性有多大？

實驗結果顯示，比起上一次的成績（只有 21％的人答對），醫生這一次的成績獲得了大幅提高（有 87％的人答對）。面對邏輯上是一樣的數據，不同的問題敘述方式，竟然可以讓醫生答對的機率提高三倍！

接下來的問題是，為什麼？

吉仁澤認為，數學機率是人類在 17 世紀才發明的產物，而人類大腦這個古老的演化產物，當然會難以理解數學概念這一

類最近才出現的產物。相比之下，人類的大腦更容易理解「大自然」和「原始社會」這些早已存在的事物。因此當實驗將問題的敘述從數學機率的敘述方式，轉換到連原始人都能懂的敘述方式時，醫生的成績就提升了。

吉仁澤將這種「連原始人都能懂」的敘述稱為「自然頻率」，他說：「自然頻率是人類祖先對資訊進行編碼的方式」，自然頻率是人類祖先理解事物的根本方式。

當邏輯或數學問題被轉換為「自然頻率」的方式敘述時，個體的解題能力就會大大提升。

人類的大腦更容易理解自然頻率的事物，所以你可以輕易想像出「每一百位女性之中，就有一位女生患有乳腺癌」大概會是怎樣的畫面，但你很難想像「女性患乳腺癌的機率是 1%」是什麼畫面。同樣，在亞洲疾病的問題裡，想像 60 人無疑比想像 600 人更容易。

現在，讓我們回到這一章的主要問題上：如何將理解力最大化？

按照自然頻率這理論，除了讓數目減少、將數學概念換成適合自然頻率的描述方式，我們還可以延伸出至少三種應用。

首先，人類對物理運動很敏感。人類的祖先在擁有語言之前，就已經需要每天應付物理運動。這包括快速判斷衝向自己的獅子速度有多快、揮舞手斧的力度是否能打死眼前的猛獸；

或是判斷爬上樹之後掉下來會是怎樣的一番情景等等。

人類對物理運動敏感到什麼程度呢？如果你向空中拋出了一顆球，你會發現，你會本能地在短時間內判斷出球大概會掉到哪裡——我們的大腦處理物理與空間方面的問題極其迅速，正是因為物理運動屬於自然頻率的一種。

按這思路來想的話，如果將知識想像成動態的物理運動，我們就能更容易理解知識，對嗎？

我認為是的。事實上，也的確有許多著名的數學家和科學家從小就懂得利用這一點來理解知識，而愛因斯坦是最有名的一位。

關於愛因斯坦如何透過想像並提出物理學理論的故事有很多個版本，其中我認為較有公信力的版本，是著名物理學家加來道雄所著的《愛因斯坦的宇宙》一書（用物理學家的眼光來解釋物理學家的思考過程，應該會更準確）。他在書中寫道，愛因斯坦所提出著名的狹義相對論，其契機就是從他 16 歲時想像光的運動開始的。當時他思考著：如果我和光一起旅行，以光的速度與光一同前進，我是否就能看到光是什麼樣子？

這個想像讓愛因斯坦發現了牛頓力學和馬克士威方程式有著矛盾之處。這個矛盾讓愛因斯坦日思夜想，在解決這個矛盾的過程中，愛因斯坦想到了狹義相對論——但這次是透過想像自己以光速開車離開鐘樓的情景，才獲得了啟發。

　　當然，愛因斯坦透過想像來理解物理規律並不僅是一兩次的事。熟悉物理學的人應該都知道，他提出了很多探討物理規律的想像，例如：加速的火車、落下的電梯、雙胞胎與火箭、工作的鐘錶等等。可以這麼說，幾乎每次愛因斯坦探討某個物理問題時，他都會先從想像的圖景中提出假設，然後再用數學驗證。

　　除了愛因斯坦之外，還有其他著名科學家、哲學家，也都會運用想像圖景來理解、探討科學。例如，對量子力學有巨大貢獻的物理學家埃爾溫‧薛丁格（Erwin Schrödinger），發現跳躍基因而獲得諾貝爾獎的遺傳學家芭芭拉‧麥克林托克（Barbara McClintock），還有近代哲學家丹尼爾‧丹尼特（Daniel Dennett）等等。

　　事實上，丹尼特的其中一本著作《直覺泵與其他思考工具》（Intuition Pumps and Other Tools for Thinking）裡，就透過大量的想像圖景來思考、理解各類哲學難題。

　　為了避免與一般的「想像」混淆（例如，做白日夢也是一種想像），當科學與哲學家在「利用想像圖景來思考」時，他們會將這一類思考稱為「思想實驗」（thought experiment），意指在想像之中做實驗。

　　而思想實驗在本質上，就是將資訊想像成動態的畫面，在想像中模擬真實世界，思考、理解真實世界。

　　思想實驗也很適合用於理解社會科學的原理，例如：心理學和經濟學。社會科學研究的是個體和群體的科學，而人類本身對其他人類的動機也很敏感，我們天生就具備與他人產生共感的能力，能一定程度地感受到對方的感受。

　　當你開始使用思想實驗的方式思考心理學或經濟學的知識時，你獲得的理解會比教科書裡硬梆梆的文字來得深刻。例如，交易的定義是「買賣雙方對有價物品及服務進行互通有無的行為」，這定義的每個字你都懂，但這句話理解起來並不容易。

　　但如果我們透過思想實驗來理解「交易」這個詞，就可以獲得更充分的理解：

　　我們可以設想兩個原始人的生活。當原始人小強喜歡打獵，小張喜歡捕魚時，交易就會發生。

　　當打獵的小強想要吃魚時，他會拿一些肉去和小張交換魚，但為什麼小強不自己去捕魚呢？因為對小強來說，打獵是相對容易的，他已經具備打獵的經驗和工具，但他卻未必具有捕魚的經驗和工具。

　　這意味著，對小強來說，獲得一塊肉比獲得一條魚容易。另一方面，小張的情況也一樣。對小張來說，獲得一條魚比獲得一塊肉容易，小張也想吃肉而不只是吃魚，所以小張接受了交易。

又以心理學為例，如果你想要理解為什麼人類普遍對物理運動很敏感，那你只須想像在原始人的生活裡，他們是如何透過這一點獲得生存優勢的——當原始人遇到猛獸時，大腦對物理運動的預測愈快愈準，打敗眼前的猛獸，或者捕捉一隻小兔的成功機率就愈高。所以對物理運動敏感的人更有可能生存下來，而那些對物理運動不敏感的人則更有可能被猛獸殺掉，或因為捉不到兔子而餓死。

同樣地，原始人之所以對其他人的行為和動機很敏感，正是因為這能讓原始人更好進行協作與溝通，從而提升生存與繁殖的機率。

在我的學習之旅裡，我發現最能有效理解知識的方式，就是透過在想像中不斷建立思想實驗，建立人與人的對話、交流、故事，然後從這個想像中獲得啟發。

利用思想實驗來理解知識是我一直以來的習慣，在我的另一本著作《思維進化》中也曾介紹思想實驗能如何激發個體的創造力；我在 4THINK 知識部落格裡撰寫過一篇名為《智讀》的文章，也利用了思想實驗來解說如何正確思考（我有許多文章都是透過思想實驗來思考與解說知識）。

除了在思想實驗裡想像物理運動，在想像中思考原始人之間的互動之外，你也可以在思想實驗中想像自己。我們總是對自己特別感興趣，也對自己遇過的事情特別感興趣，因此將自

己的真實情況納入思想實驗中也是個不錯的選擇。

　　例如，你剛才理解了功能固著和慣性思維的作用，那麼你可以回想一下以前功能固著是否曾經給你帶來麻煩，然後在思想實驗裡想像：你在日常的工作中，會在什麼情況下被功能固著和慣性思維所束縛？

　　用習得的知識來解釋和你生活有關的事情，有助於讓你理解得更深、更全面，因為這些理解就像是親身的體驗。

　　看到這裡你可能會發現：**思想實驗其實就是一種「對自己說故事」的方式**。思想實驗和說故事的共同之處，就在於兩者都是在描述著動態的、可以想像的情節。因此，你乾脆把思想實驗理解成「故事想像」也不會差太遠。

　　神經科學家認為，說與聽故事其實是人類古老的學習方式，**比起統計數據和嚴謹的文字，故事更容易影響人類的大腦❼**。這意味著，故事本身也屬於自然頻率的一種，這支持了「思想實驗能提升理解力」這個觀點。

　　綜上所述，用自然頻率配合思想實驗來理解知識，無疑可以讓你對知識產生更生動、深刻的理解。將知識轉化成自然頻率和思想實驗後再進行理解，就能提高理解力。

　　如果你想要打開眼前的知識之門，理解裡面有什麼東西，那你不單只需要找到對的鑰匙，你還需要「用手來開門」。人類擅於用手來開門，而不擅於用腳來開門，所以用手來開門無

疑高效許多。善用大腦的天性，藉由自然頻率來促進理解知識，就像是選擇用手來開門而不是用腳來開門那麼理所當然。

接下來，我們談談如何再進一步加深理解力。

條件四：理解的透徹程度

對知識產生更深理解的第四個條件，是你得知道自己到底有沒有理解。人的認知是有盲點的，有時候你以為自己理解了某個知識點，但事實卻是你錯估了自己的理解程度。例如，一位學生可以很自信地自以為理解了老師所教的概念是什麼，但當老師出思考題來考他時，他卻回答不出來。

人不知道自己不知道什麼——因為你不知道 X 的存在，所以你不知道自己不知道 X。

但人可以相對容易地判斷自己知道什麼，例如：我知道蘋果的存在，所以我判斷自己知道蘋果的存在。藉由判斷自己已經知道什麼，我們就可以約略地找到自己還不知道什麼。如果你在一棟房子裡發現了十個房間，那就能合理推測這棟房子裡還有第十一個房間（雖然未必真有）。

那麼具體來說，我們怎樣才能在學習中，對自己到底「理解到什麼程度」有個比較清晰的判斷呢？

這就要說到著名的「費曼技巧」（Feynman technique）了。費曼技巧也被稱為終極學習法，其起源於著名的諾貝爾物理學獎得主理查德‧費曼（Richard Feynman）的一個理念。費曼認為，**如果無法把知識解釋得簡單、清楚、易懂，那就等於還沒完全理解知識**。同時，他也認為透過將知識簡單解釋清楚，有助於透徹地理解知識，而事實也的確如此。

認知科學家在 1989 年（當時費曼已經過世一年）的一項研究中表明，「好學生」一般會在學習時進行更多的自我解釋，而其隨後會表現出更好的理解，以及更佳的解決問題、應用知識的能力。相反，「壞學生」則不怎麼會進行自我解釋，解決問題、理解知識和應用知識方面也表現得較差❽。

無獨有偶，提出演化論的達爾文也有類似的做法，據說❾當達爾文想要解釋一個概念時，他會想像有個小孩走到他的面前，然後達爾文會試著用最簡單的語言將他的概念解釋給這位小孩聽。

但現代版的費曼技巧並不是前面兩位提出的，而是學習專家斯科特‧揚（Scott Young）從費曼的學習方式獲得啟發，並進一步將其發展成具體的方法。

揚提出的費曼技巧的操作步驟很簡單：

首先，像平常那樣通讀一篇你要學習的資料，讀完之後拿出紙筆，把主題寫在紙上，然後假裝你正在教導一個還不明白這個知識的人（例如：一個學生）。用你的說話方式將知識講解給他聽，透過舉例、比喻、說故事的方式確保對方可以聽懂，然後把你的講解寫在紙上。

你必須時時刻刻保持「簡化知識」的心態，在解釋的過程中，你的目標是將知識講解得簡單易懂，而不是將知識講得複雜難解。一般而言，你在講解的過程中會有比較順暢的地方，能說得特別簡潔、易懂，這意味著你在那方面已經有透徹的理解；你也會遇到某些地方特別難解釋得順暢，這通常意味著你還沒完全理解。

將這些不順暢的地方標記起來，然後重看資料，試著搞清楚這些知識點，接著再繼續假裝講解。重複上面的步驟，直到所有你想要理解的知識都可以簡單地解釋出來。

儘管費曼技巧看起來很簡單，但操作起來並不容易。面對一些簡單的知識，你可以輕易把它講得簡單易懂；但如果問題與知識的複雜程度較高，你就可能需要嘗試好幾次；如果問題牽涉的範圍太大、太難，你可能會需要幾天，甚至幾個星期、

幾個月才能做到。

費曼技巧的核心是用簡單的語言把複雜的知識、概念講清楚,但怎樣才算是簡單的語言呢?

在前面我們已經談過,人類大腦可以很輕鬆地理解自然頻率的問題,而據我的理解,對所有的人類來說,「簡單的語言」就等於「用自然頻率來敘述的語言」。

這意味著你可以在解釋的過程中加入適當的思想實驗,將知識講解得連原始人都聽得懂。另外,揚還建議,你可以多舉例子、故事和比喻來讓解釋更簡單易懂。「故事」和「比喻」是兩個強大的解釋工具——我們前面已經提到,人類大腦天生就容易被故事所吸引,聽故事是人類最古老的學習方式之一,而故事的本質和思想實驗是極其接近的,兩者只是在具體用途上有一些差別(故事涵蓋虛構,而思想實驗講究真實、事實)。

那麼比喻又是怎麼回事呢?在我看來,比喻一樣是屬於自然頻率的一種。還記得本章一開始就使用了「理解就是打開一扇門」的比喻嗎?這個比喻其實就是建立在你的生活經驗之上,是連原始人都能聽得懂的比喻(雖然原始人的生活未必有門,但他們可以很快理解門和鑰匙的作用)。

不過,費曼技巧的真正優勢在於:它對透徹理解知識很有效。**很多時候我們覺得自己看懂了、學會了某個知識點,但其實我們未必真懂,我們只是有一些基本理解而已。而透過費曼**

技巧，你能夠更清晰地判斷自己到底理解到什麼程度，從而有針對性地攻克未掌握的知識。

當然，有些人可能已經知道費曼技巧這一學習法。但「知道一個方法」和「用好一個方法」是兩回事。能妥善使用費曼技巧的人其實並不多，因為這技巧本身就很難用，使用的所需成本（時間、精力、耐性）也不小。

但只要你在使用費曼技巧時，加入本章前面提到的三個條件，亦即相鄰可能、發散模式和自然頻率，費曼技巧就會變得輕鬆許多：

第一，相鄰可能指出，你愈熟悉的領域，你愈可能解釋得好、解釋得快。這很好理解。

第二，費曼技巧可以和發散模式結合起來應用。例如，我自己的個人經驗是：當我一邊散步、一邊假想自己在教導他人時，我能講解得比較順暢，也更容易想到恰當的思想實驗、例子和比喻。

第三，費曼技巧要求你把知識講得通俗易懂，這本質上就是要求你轉換到自然頻率去解釋、思考。在你講解知識給一個不懂的人聽時，只要嘗試讓他進入你的思想實驗，就會發現整個講解過程變得更加容易，他也能夠輕鬆理解你的講解。思想實驗本身就是一個把知識變得簡單易懂的方法。

最後，我們還是以開門的比喻做個結尾：

當你打開了門，進入了房間之後，你其實無法立刻看清楚房間的內部細節，你需要讓自己待上一段時間，讓眼睛慢慢適應房間的光線。

而當你能輕易看見房間的一切事物時，你才能在房間裡找到打開下一扇門的鑰匙。

條件五：理解的工作記憶

理解力最大化的最後一個條件，是人類大腦的限制——也就是「工作記憶」的限制。簡單來說，工作記憶指的是你「大腦可以同時處理多少資訊」的指標，是你可以同時加工（思考）多少個概念的容量。

我們幾乎每時每刻都會使用到工作記憶，而你也一定曾經有過工作記憶超載的經驗——要想起工作記憶超載的感覺很簡單，你只要試著用心算做下面這個數學題就行了：

$84 \times 48 \times 748 \times 4 = $ ？

儘管你知道這數學題不過是簡單的乘法，但你還是很難給出答案；這主要是因為計算這數學題所需要加工的資訊量，已

經超過了你的工作記憶容量。你的大腦無法同時處理那麼多的數字資訊，所以你無法得出答案。

　　同理，**當你想要理解一個相對複雜的知識點時，你要加工的資訊量也會超出你的工作記憶**。這時，你會感覺到工作記憶超載，如同你對數學題進行心算時的情況，也就無法對知識產生理解。

　　事實上，「解答複雜的數學題」和「理解複雜的知識」對我們的工作記憶來說有許多共同之處。為了方便接下來的說明，我們不妨把它們看作是同一種心智任務——解開數學題獲得答案，相等於理解了一個知識點。

　　而面對工作記憶超載這個困境，我們有兩個可行的應對方式：

1. 資訊壓縮

　　第一個應對方式，是透過壓縮資訊來降低工作記憶的負擔。學習過心算的人或者數學家，可能會覺得上面那道數學題並不困難。這並不是因為他們的工作記憶容量比一般人大，**而是因為他們在計算數學題時，所需要加工的資訊量較少。**

　　但為什麼同一道數學題，數學家或學過心算的人要加工的資訊會比較少呢？這是因為他們可以直接從長期記憶之中提取答案，而無須重新計算全部，於是省略了許多步驟，減少了需要加工的資訊量。

　　正如同我們看到「1+1=？」這一數學題時，無須再一次計算這問題的答案，我們的大腦會直接蹦出「2」這個答案。

　　通俗地說，這就是所謂的「熟能生巧」。當個體大量練習過數學計算，那麼就會有大量的數學計算組合儲存在長期記憶裡。於是在計算一道數學題時，可能其中會有大部分計算工作是無須重新計算（而是直接提取記憶）的，所以計算一道題所佔據的工作記憶容量也會顯著降低。

　　換言之，當你愈是熟悉你所在領域的知識時，你就愈能夠理解該領域的複雜知識。這一點和我們在相鄰可能提到的結論不謀而合：

理解會產生更多的理解。

　　從這個結論看來，知識是會複利的。學得愈多，你自然會學得愈快、愈深。

　　但這裡必須注意的一點是：單純的大量重複是無法帶來實質的進步。當你大量重複簡單的數學題，而從來不讓自己學習進階的數學時，你就只能停留在基本的層次。如果你不跳脫自己已經熟悉的範疇，去接觸自己還未熟悉的知識，你就無法獲

得進步。

　　有個著名的學習策略叫做「刻意練習」（Deliberate Practice），說的就是如何透過正確的重複練習來提升自己，成為大師。刻意練習和「單純的重複」有著本質上的不同，我們會在下一個章節討論到刻意練習。

2. 在紙上解題

　　另一個應對「工作記憶超載」的方式，是讓自己在紙上解題。

　　正如你已經知道的，如果讓你在紙上對上面的數學題做演算，你就可以輕而易舉地給出答案。

　　那麼，為什麼在紙上做演算就會容易許多呢？

　　因為當你把資訊寫在紙上時，你可以把大部分資訊「暫存」在紙上，而不是全往工作記憶裡塞，這能大幅減輕你工作記憶的負擔。你可以在紙上逐一加工數字相乘的結果，然後再總結出最後的答案。

　　同理，應對複雜的知識，**你要做的就是把它的細節寫在紙上，然後再以俯瞰的角度去理解這個知識。**

　　事實上，簡單地使用紙筆的力量，就可以讓你學習得更深、更好。紙筆甚至可說是本書最主要的核心工具，是讓人進入深

度的思考、深度的學習的橋樑。如果要為紙筆和大腦的關係打個比喻，我認為紙筆就像是我們的「外部大腦」，是大腦的延伸與擴展，是智力與思考的放大器。

當然，紙筆的運用也是有技術的。當你能把它用好時，它的效用才會被發揮到最大；但一般人在學習之中，要麼是忽略紙筆的功用，要麼是沒把紙筆的功用發揮好，而這也是我們會在後續章節重點討論的。

綜合本章所述，我們討論了一共五項理解力最大化的條件。**這五項條件基本上足以回答世上任何一個「為什麼我無法理解？」的難題。**在我看來，所謂的高悟性，就是在這五項條件上做得比別人好。

儘管這看起來似乎已經很全面，但事實上，本章所討論的「理解力最大化」依然有其侷限——因為我們主要是針對「如何理解單個知識點」來進行討論的。

這意味著，你可以透過上述五個條件來理解任何單個的知識點，但當你需要理解一個系統是怎麼運作時，你想要理解一個複雜的體系的本質是什麼時，這五項條件就會顯得不足了。

說白了，就是我們還得再深入一層。

學習層次 3　網

── 第3章 ──

編織知識之網

當你眼前有一棵樹的時候，
你會說：好美的樹。
當你眼前有很多種不同的生物時，
你會說：好精彩的森林。
當你理解了森林裡的生物是如何博弈共存後，
你會說：好壯觀的自然生態。

　　我們可以很清晰地分辨出什麼是樹、什麼是花。而當各種各樣的植物聚在一起的時候，大腦會把所有這些植物歸納起來、加總起來，並總結成一個概念：森林。

　　這種將多個不同的植物總結成一個詞彙「森林」的心智過程，心理學家稱之為「組塊」（create chunk）。將幾個不同的單元組合成一個較大的單元，或是將幾個部分組合起來變成一個整體來理解，就叫組塊。

　　組塊的例子處處可見。例如文字，「你」、「他」、

「賞」、「欣」這四個字有著不同的含義，如果分開來理解的話，你會覺得不知所云；而如果你把它們排列成「他欣賞你」這個句子來理解，所帶出的資訊就會具有特別意義了。

　　心理學家認為，組塊的主要功用是對資訊進行「壓縮」，以緩解工作記憶的負擔。

　　例如，「你」、「他」、「賞」、「欣」這四個字是四個不同的單元。你很難同時理解這四個字，也很難同時加工這四個字的意思；但將它們組塊成「他欣賞你」這樣一個單元，就會變得很方便理解和加工了。對資訊進行組塊再加工，可以減輕工作記憶負擔。

　　另外，組塊能讓你產生更全面的理解。例如，硬碟、CPU、GPU 都是功能不同的元件，但只有當它們組裝成一個整體、系統時，才會被稱為電腦。

　　而當你將硬碟、CPU、GPU 當作是一個整體來理解時，你會發現它們之間的關係與相互作用，其實都是為了達到同一個目標，亦即「計算」；如果將它們分開來，就未必能進行計算。

　　一般而言，組塊可以體現一個人的全局思維。例如，身為一個管理者，須具備的重要思考方式就是將各個相關的人事物放在一起看，留意人事物之間的連接與相互作用，而不是把注意力都放在單一人事物。如此才能得到更全面的理解、顧全大局，才不會顧此失彼。

假設你經營某家公司，你希望增加公司收入，因此希望員工賣力幹活，也希望顧客總是會選擇你的產品——這三個願望看似沒什麼不妥，但如果你沒有進行全局思考，沒有將各個人事物組塊起來看，就貿然做出一項決策的話，那麼後果就會很糟糕。

首先，你希望員工賣力幹活，於是你祭出高薪激勵員工，也花大錢給員工更好的福利，但這會讓公司賺的錢減少。當公司遭遇緊急狀況時，可能會因現金流量不足而周轉不靈。

如果你為了讓公司賺更多的錢，而降低員工的薪資，那麼員工就不會為了你而拚命。他們製造的產品品質會下降，服務顧客時不會那麼誠懇，結果就是讓顧客不願選擇你的產品，你賺的錢一樣會減少。

如果你還是決定激勵員工，還花大錢來提升產品的品質，那麼成本就會變高，產品的價格會變得昂貴；而當價格太貴時，顧客又會減少。

於是你又重新考慮減少收入，但公司收入減少，成長與擴展會放緩；當你開的分店相對較少，又會不利於競爭。

可見，公司盈利、員工福利和顧客在分開來看時並不矛盾，但當你把它們放在一起實踐時，就會發現它們的矛盾之處了。

但如果你透過組塊理解並意識到這類矛盾之後，你就會主動尋找出「兩全其美」的決策。例如，激勵員工不一定得透過

金錢，有許多組織都會透過宣傳理念、制定意義非凡的目標來激勵員工；提升產品質量未必需要花上超額的成本，管理學裡的「六標準差」（Six Sigma）可以解決這個問題；如果資金是個問題，那麼公司擴展也未必要開實體分店，透過網路電商擴展業務也是可行的。

先把各個人事物組塊起來看之後，再施予適合的手段，是每個管理者都必須學習的基本思維。

總而言之，組塊是一種「俯瞰視角」（zoom out）的理解方式，是一種對全局的理解。

與組塊相反的理解方式，則稱為「分塊」（chunking）。分塊指的是：當你觀察一棵樹時，樹可以被分成樹幹、樹枝、樹葉、樹根等部分。將一個單元切成多個小單元來理解、仔細分析，就叫做分塊。

又例如，你可以對「他欣賞你」這四個字進行仔細分析，欣字裡面包含了什麼資訊？欣字帶有愉悅、滿意的含義，而賞字帶有評價、評估的意味。仔細分析之後再重看「他欣賞你」這一句話，就能看出裡面的具體含義：「他對你有很滿意的評價」。

分塊並不要求你從整體來看，而是要求你把知識單位分解成不同的部分來看，就像是將「電腦」這個整體分解成硬碟、CPU 和 GPU 等不同元件。而這樣做是有好處的。

如果你的電腦壞了，那麼一般來說它不是全壞，而是某個部分壞了。你只要將電腦加以分塊，找出壞掉的部分然後更換，電腦就可以重新運作了。

如果你沒有進行分塊，沒有拆解出電腦各個部分仔細研究，而是將壞掉的地方視為整臺電腦而，非它的一部分，那麼你就會錯把整臺電腦換掉。

一般而言，分塊可以體現一個人的職業能力。例如，精神科醫師會對人的各種心理機制有所理解，當某個人說自己罹患心理疾病時，精神科醫師會知道他只是某些地方出了問題，而不是整個人出了問題，只要找出有問題的地方對症下藥就行。

但如果這位精神科醫師無法找到患者的問題實際上出在哪裡，無法仔細分塊到心理問題的源頭，那麼他的診療可能就無法奏效。

又例如，西醫對人體進行解剖研究，其實就是在對人體進行分塊理解，而西醫對人體分塊的程度非常細微，不單只研究單一內臟，還研究到人體內的細胞、微生物層面。因此西醫在面對各種疾病時能對症下藥。相比之下，中醫則並未到達如此細節，所以中醫所能治療的疾病才無法達到西醫那麼多種。

分塊是一種放大視角（zoom in）來理解知識的方式，能讓你看見細節裡的魔鬼。

「組塊」和「分塊」是我們學習中最基本的兩種「視角」，

一個是從整體來看，一個是到細節裡去看。

　　而在一般的學習情境中，我們經常需要將組塊和分塊交替運用，知識需要組塊理解，也需要分塊理解。

　　不過比起分塊，我們日常的學習場景會更需要我們進行組塊。以教科書為例，教科書的知識點一般都已經被分塊得很細，是被打散的知識點，而你要做的便是對這些被打散的知識點進行組塊理解。

　　其實不只是教科書，任何一個知識載體，都是被分塊、打散的知識。寫書的人只能一個接一個地將知識點寫下，讀書的人只能一個接一個地理解知識點，因此知識點在我們的腦中是難免散亂的。每個人都必須一個一個地理解知識點後，再對知識點進行組塊，才能對知識有通盤的理解。

　　但問題是：對多個知識點進行組塊是一件挺困難的事情。隨著知識點本身複雜程度的增加、知識量增加，組塊的難度也會遽增。對一本書的其中一個章節組塊還算容易，對整本書進行組塊則會比較難，對三本書進行組塊又會更難，對十本書進行組塊更是難上加難。

　　正因為組塊是困難的，所以在一個領域裡對知識擁有通盤、全局認識的人總是少數。多數人只能掌握領域的一些皮毛知識點，然後完成和這些知識點相應的工作。

　　那麼，我們要如何才能克服這一個困難呢？

我們需要超越僅僅是組塊和分塊的概念。

如何增加知識的價值

先來做個思想實驗。

想像你和你的競爭對手同時應徵了同一份森林管理的工作，而這一份工作最終只會選擇你們其中一人。為了從兩人中選出一人，面試官決定看看你們之中誰的知識量比較大（他只在意知識量，而不在意你的性格、有沒有口吃之類的其他因素）。

但他很快便發現，你們兩人原來在同一時期修了一樣的森林管理課程，都在那裡學會了 100 個知識點；而且經過測試後發現，你們兩人對這 100 個知識點的理解也是完全相同的。因此他判斷你們的知識量是對等的。

但面試官還是需要做出選擇，他想到了一個方法讓你們一決勝負。他把你們分別留在不同的密室裡，提供了紙筆，並告訴你們：你們必須在一個小時內，想辦法證明自己的知識比對方的知識更有價值。在這期間，你們無法與外部取得聯繫，也無法利用這一個小時從外部習得新知。

那麼，你會如何證明自己的知識量比對方更有價值呢？

讓自己思考一下。

思考一下。

一下。

有個可行的方法是：你可以透過「排列知識」來證明自己的知識更有價值。要理解這一點很簡單，我們換個比喻來說明。

假設小明和小強各有 100 顆一模一樣的彈珠，那麼此刻小明和小強各自的彈珠價值總合是相等的。但此時，如果小明將彈珠排列成一個米老鼠的圖案，彈珠的排列方式就會產生出一個新的資訊，讓這 100 顆彈珠變得更具意義。此刻小明的彈珠，便會比小強那堆散亂的彈珠更有價值。

同理，是什麼讓法拉利比豐田更有價值？從物理學看來，法拉利和豐田車在本質上都是由原子組成的，但為什麼這堆原子會比另一堆原子更有價值呢？

本質上它們沒太大的分別，法拉利和豐田的車都遵循同樣的物理規律，一樣會受到地心引力的影響，會因為阻力而減速；但因為這兩堆原子的排列方式不同，促使其結構與性質有所不同，才會讓兩者在相同的跑道上表現出不一樣的速度。

那麼，又是什麼讓一個作家的文字比另一個作家的文字更有價值呢？

　　即使兩位作家使用的是同一種語言、文字，但因為文字的排列不同、產生的資訊不同，文字的價值和他們所描繪的系統也就會有所不同。

　　同理，讓一個畫家優於另一個畫家的，不是他們擁有多少種顏料，而是顏料的排列方式；讓一個音樂家優於另一個音樂家的，不是他們可以製造出多少種音調，而是音調的排列方式。

　　現在，再回來思考一開始的思想實驗，你就能明白：你和競爭對手雖然各有一百個知識點，但如果你對一百個知識點進行過排列，這一百個知識點就能產生新的資訊和價值。

　　但怎麼排列呢？

　　你的競爭對手在密室裡用了最簡單的方式排列知識，他用紙筆對自己的知識點進行分門別類，就像將自己的彈珠按照顏色進行排列一樣。例如，這種排列方式會將不同的樹歸納在「植物」這一類，將不同的鳥兒歸納在「鳥類」這一類。這種分門別類的排列雖然也能產生一些價值，也有一定用處，但非常有限。

　　你也意識到了排列知識的重要性，於是也對知識進行了排列；幸好，你的排列方式比競爭對手精彩許多。你用紙筆將知識點排列組合成一個系統，排列出了知識點之間的關係，也描繪出了系統的結構。其中，你描繪了一個非常簡單的例子：

又例如，森林裡會有狐狸吃掉兔子的「弱肉強食」情況出現，這時有些人可能會覺得狐狸的行爲太殘忍了，於是把狐狸都捉起來關在牢籠裡。但他們沒有意識到，兔子之所以能夠生存至今，是因爲兔子的繁殖速度非常快。

一旦少了狐狸這些捕殺兔子的動物，長期後果就是會導致兔子的數量過多，大量的兔子對森林的草地造成危害，使得草地逐漸沙漠化。但危害並未就此停止，兔子在吃光了草地之後，開始飢不擇食地啃食樹皮，並導致大量果樹死亡，因此又減少了鳥類的食物來源（見圖 3-1）。❶

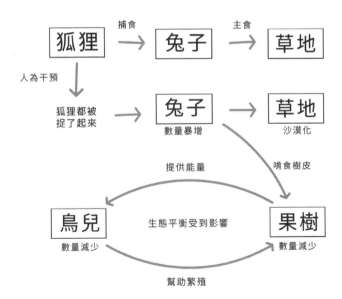

圖 3-1　排列並描述出知識之間的關係。

　　當你這樣排列知識時，所帶出的資訊不再是 100 個散亂的知識點，而是一個重要的資訊——這不是動物、植物或者森林，而是一個生態系統。

　　當你排列知識時，便向面試官證明了你不只是理解 100 個獨立的知識點，還達到了更高層次的理解，有系統的理解。

　　重要的不是你擁有了 100 知識點，而是你可以用這 100 個知識點描繪出什麼。

碎片化還是零件化？

　　那麼，我們該如何對自身的知識進行排列呢？

　　這個問題得暫時打住，在開始探討幾個排列知識的方式之前，我們得先談談什麼是「碎片化學習」。

　　由於網路時代的到來，接收資訊變得愈來愈快速方便，人們也因此逐漸改變了自己接收資訊的方式。一個人可以隨時隨地接收資訊，無論是在搭地鐵、排隊，還是吃飯的時候，他都可以用這些短暫的時光來閱讀和學習。因此，有人將這種以碎片時間接收資訊，不連續、小段、經常斷裂的學習方式稱為「碎片化學習」（相對於花幾個小時專注學習）。

由於「碎片化學習」是碎片的，似乎暗喻了學習時無法進行深度的思考，因此碎片化學習者總是會落得膚淺、片面的評價。許多人的直覺都認為，碎片化學習會造成分心，而分心會導致學而不精，浪費時間；有些人甚至進而認為碎片化學習只足夠用來吸收膚淺的資訊、垃圾資訊，有讓人的思想倒退之嫌。

本書是探討「如何有深度地學習知識」的書，所以一定會反對讀者碎片化學習——如果你是這樣想就錯了。

事實是：利用多餘的一丁點時間，哪怕中途會斷斷續續地學習，都還是有益處的。

假設你在搭地鐵，還有五分鐘就到站，那這個時候你是否要閱讀呢？如果用數字來表示的話，若你不閱讀，那你獲得的知識是 0；如果你閱讀的話，那你獲得的知識哪怕只有 0.1，那也是一種進步，哪來的倒退呢。

我認為碎片化學習完全沒有問題，**而且這種學習方式特別適合難以抽空學習的忙碌人**。要說有問題的話，唯一的問題就在於這個名字起得不好。「碎片化」是一個帶貶義的形容詞，隱含了渺小、不完整的意思。如果我們將這個形容詞改成「零件化」，將「碎片化學習」改成「零件化學習」，那效果就不一樣了。

零件化學習，即是將你獲得的知識比喻成一個個小零件。以單個零件而言，在它們散落一地時看起來沒什麼用，**但你可**

以隨時把多個不同的零件排列成一個整體。

這就是為什麼我認為碎片化學習完全沒問題，問題在於人們將它看作是碎片，將碎片看作是「破鏡難圓」的。但事實上，知識更像是一個零件，你可以把這個零件先儲存在你的記憶裡，之後再抽一些時間出來將零件排列成整體，你就能獲得整體的理解，獲得有深度的理解。

關鍵不在於知識是碎片的還是整體的，是零散的還是系統的；關鍵是在於你有沒有親自把知識排列起來、連接起來、組裝起來。

其實嚴格來說，所有的學習都是碎片／零件化學習。當你閱讀一本書時，你不可能把整本書的知識一口氣吞進去，不可能在同一個時間理解十多個知識點。你只能一個知識點、一個知識點地理解，就好像撿碎片一樣，一個一個地撿。

而所謂「有系統的學習」，並不是說你不能進行碎片／零件化學習，而是指在學習（撿碎片／零件）之後，你需要把知識點結合起來看，排列（組裝）成一個體系（系統）。

當然，這也意味著如果你只是碎片／零件化學習，但沒有對所學的知識進行總結，或排列成一個體系的話，就無法獲得更大的提升，也就無法獲得太多的成長。正如本章開頭所提到的，知識在被排列之後才會產生新的價值和知識。

日本有一種傳統工藝技術稱為「金繼」（Kintsugi）。「金

繼」是將陶器破碎的部分用樹脂製成的天然漆加上純金粉連接起來。這樣，陶器上的碎裂就不再是缺陷，而是會創造出新的美感。

碎片並不是問題，問題是在於你有沒有進行連接與排列。

那麼，如何對知識進行連接與排列呢？

首先，我們得進行視覺化思考。

視覺化思考，排列知識

我們在第二章討論過，大腦的工作記憶容量是有限的，我們能同時加工的資訊也是有限的。有些複雜程度較高、資訊量較大的知識會讓工作記憶超載，並導致理解無法形成；而應對這個問題的方法之一，就是透過利用紙筆來減輕工作記憶的負擔。

同樣的，讓大腦對多個知識點進行排列，也會佔用大量的工作記憶並導致超載；但只要利用紙筆將你大腦裡的資訊、想法、知識點統統暫存在紙上，讓資訊儲存在紙上而不是工作記憶裡，就能大大減輕工作記憶的負擔。這時你再對眼前的資訊進行加工，就會容易許多。

將資訊寫在紙上之前，就像是讓自己在大腦中組裝樂高，你能夠完成簡單的任務，但無法組裝出複雜度較高的樂高；將資訊寫在紙上之後，就像是在真實世界裡組裝樂高，你可以輕鬆組裝出高度複雜的樂高，也能夠更輕鬆地發揮創意。

這種把大腦中的資訊寫在紙上的舉動，有一種正式的名稱，哈佛大學的教育家們稱之為「視覺化思考」（Visible Thinking）。他們發現，如果讓學生們將自己的思考步驟和聯想寫出來，教師就能直接觀察到學生的思考過程，然後針對性地給予學生修正與指導❷。

這種方法也適合個人使用，當你將思考視覺化後，就能更清楚地意識到自己的思考過程是什麼樣子。你可以透過視覺化思考來排列知識，整理思考。

事實上，你很可能已經實際做過視覺化思考。因為廣義來說，視覺化思考可以是任何一種視覺傳達方式，無論你是將自己的所思所想畫成一幅畫，還是用某種顏色來代表你的思想。在某種程度上來說，一個國家的國旗就是在將國家這個概念視覺化。

　　著名的「心智圖」（mind mapping）也可以算作是一種視覺化思考的工具。心智圖是由東尼‧布贊（Tony Buzan）所發明的學習工具，並號稱是最強的學習工具。簡單地說，心智圖要求你將主題寫在紙張中間，從中盡可能延展出不同的分支，並針對不同的分支進行更細微地分析、描寫，在分支之下再分支（見圖 3-2）。

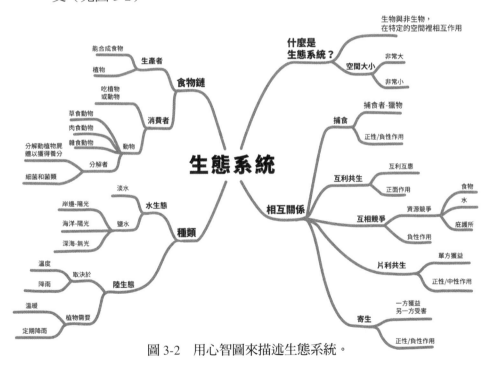

圖 3-2　用心智圖來描述生態系統。

　　心智圖的主要功用在於讓人釐清知識結構、激發創意、增進記憶。它的使用範圍也很廣，在市場上有大量介紹心智圖的書籍和網站，而且還有許多的「變種」，這裡就不多介紹了，我們來談談那些書本沒有談到的侷限性。

　　首先，許多人使用心智圖的目的就是為了加強記憶，而使用者也經常報告自己的確更記得住了。心智圖的確比一般的學習方式（如：重讀）更能加強記憶，但還記得我們在第一章討論過的內容嗎？

　　當使用者判斷自己記得住時，那並不代表他們在幾個星期後依然會牢牢記住。有研究顯示，如果將心智圖和我們第一章介紹的提取練習進行對比，**提取練習的功效完勝心智圖**，亦指出心智圖無法有效促進長期記憶的形成❸。

　　第二，心智圖雖然號稱可以釐清知識的結構，從而提升理解程度；但心智圖有一個明顯的缺點，那就是它的分支無法與分支進行關係連接。這意味著，許多知識與知識之間的關係是心智圖無法描繪清楚的。例如，上圖中的「草食動物」和「植物」有著明顯的直接關係（草食動物會影響植物），但心智圖無法將這個關係具體表達出來，只能對生態的關係進行分類。

　　真實世界是多樣且複雜的，一個學科的知識點之間可以有著多種關係和連接，而心智圖雖然可以將「關係」的種類羅列

出來，卻無法具體描述知識之間的關係，無法描繪出知識的真正結構與連接。

我自己在早期使用心智圖的時候就經常納悶，心智圖似乎可以讓人完整地複製出一本書的目錄，但許多有用的資訊卻很難被加進去。

第三，心智圖據說可以激發創意，但我無法找到有哪個科學研究實證是支持這個論點的（如果你知道的話，歡迎告訴我）。就連心智圖的發明者布贊在他的官網裡引用的論文，裡頭也只是提到有些受試者表示「感覺自己更有創意了」❹，而並非透過實驗來進行檢測（例如：評估受試者想到的創意有多獨特？比控制組想到的創意多出多少？）。

而事實上，由於心智圖無法描述知識與知識之間的關係，這可能反過來侷限了激發創意的可能性。因為創意在大多數時候是透過「想法性愛」（idea sex，指的是不同的想法結合會產生新想法）產生的。

綜上所述，心智圖的作用看來是被誇大了。

那麼心智圖難道就一無是處嗎？

心智圖還是有其值得肯定之處的，就是透過對知識進行歸納與分類，**它可以幫助你整理你的思緒，讓你搞清楚自己知道什麼、擁有什麼。**

心智圖還有一個優勢是值得讚許但經常被忽略的，那就是

「無法描述知識之間的關係」這個特點，讓它可以省略許多不太重要的資訊，讓知識變得更容易被學會。它的使用門檻很低。也正是因為它易於使用，所以才能夠如此普及。

那麼，是否存在比心智圖更好、有更多實驗證據支持的視覺化思考工具呢？

有的。康奈爾大學教授約瑟夫‧D‧諾瓦克（Joseph D. Novak）和他的研究團隊，早在 1970 年代就提出了一種視覺化思考工具，它長得和心智圖滿像，而且經常被誤稱為心智圖，但又有著本質上的區別。它叫做「概念圖」（concept mapping）。

比起心智圖，概念圖少了許多限制，高出許多自由度，所能達到的效果也好上許多。我們再用前面提到的森林管理為例子，但這次換另一個描述方式。你會發現，概念圖能清晰描繪出知識之間的連接和關係（見圖 3-3）。

比起心智圖著重分類、歸類的特性，概念圖更著重於描述知識結構之間的聯繫。概念圖的操作也不會很難——首先，將你的焦點問題寫在最上方，然後從那裡開始逐步推導知識之間的關係、因果關係，引入不同的概念和因素，逐步剖析問題。

在這過程中，你可能需要多次調整概念圖，畫了又畫。你會發現，概念圖允許你使用多種不同的方式來描繪知識之間的關係，而每種不同的描繪方式都會帶出不一樣的故事。事實上，

若你在網路上搜索「Concept Mapping」，你會發現每個人製作
的概念圖都是不一樣的。

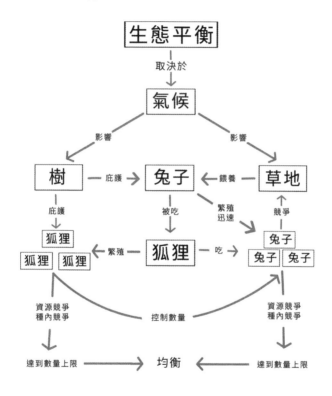

圖 3-3　用概念圖來描述生態平衡的一部分因素。

　　製作概念圖的難度高於心智圖，但也不是非常困難。剛開
始製作概念圖時，你可能會不知道從哪裡開始；這時你可以參

考別人的概念圖，然後自己嘗試在紙上隨便、隨性地畫一畫，你可以在一個小時內就學會。你也可以在精煉版裡找到我為本書製作的概念圖。

但具體來說，使用概念圖的好處在哪裡呢？

多項研究顯示❺，與沒有使用概念圖的學生相比，那些在學習時會製作概念圖的學生至少有六項顯著的好處：

- 能更加理解科學知識
- 能提升解決問題的能力
- 能在學習中找到更多知識背後的意義
- 能刺激知識創造
- 能擴展應用知識的範圍
- 有更好的考試成績

為什麼製作概念圖能產生這些效果呢？

原因很簡單：因為製作概念圖的過程，就是在迫使學生動腦筋思考知識之間的關係，用不同的角度將知識連接起來，並組織出自己的知識結構；這自然能讓學生對知識產生更多、更完整的聯想和理解。

一眼望去，概念圖會讓人覺得太過複雜而不想去細讀；但只要你耐心地從頭到尾一個個看仔細，就會發現概念圖可以能

讓你充分理解知識的結構，甚至比文字、圖片更能說明問題。

你也可能早已察覺，概念圖常會出現在教科書的說明中，用以解說某個科學概念。科學家也常在科學論文裡用概念圖來描繪理論和知識的結構，這背後的原因，就是因為概念圖能更準確地將知識結構的細節描述清楚。

以我們日常的閱讀為例，如果你在閱讀了一本書之後，再將所學的內容整理成一個概念圖，你將能從中清晰地理解作者的思考過程以及內容的知識結構。在自己製作概念圖的過程中，你會發現作者的思路有何缺失，也能發現知識之間的聯繫能產生新的想法、應用。你可以透過製作概念圖找到問題的本質——只要試著做看看，就一定會發現概念圖的好處，它能提升學習的品質。

那麼，概念圖的劣勢是什麼呢？

那就是當資訊量太大時，概念圖會變得過於複雜。以上面的生態平衡概念圖為例，我們只探討了氣候、草地、樹、狐狸和兔子之間的關係，就已經有點複雜了，而真正的森林裡當然不止這些——如果真要引進所有森林裡的「角色」的話，概念圖會變得過度複雜。

概念圖要求你將知識結構描繪清楚，這建立在一篇文章、一篇論文或一本書的資訊量之上尚還可行；但如果你想處理的資訊量極大，或是想描繪大型的知識結構（例如「什麼是心理

學？」這種問題），你就會發現概念圖要描繪的細節實在太多
了。這時「知識之間的聯繫」就變成了一個缺點，過多的聯繫
會導致概念圖變得過度複雜，難以實行。甚至有研究顯示，概
念圖的複雜性會讓人失去製圖的興致，影響學習動力。

相對來說，心智圖在處理資訊量較大的知識結構或問題時，
反而能透過分類和歸納減少許多次要的訊息，進而避免過度複
雜。

可見，無論是心智圖還是概念圖，雖然都各有千秋，但也
不一定適用於所有情況、所有人。

這包括我在內。我認為這兩種排列知識的方式並不適合我，
所以並不常使用這兩種視覺化思考、排列知識的工具。

那麼，為什麼我還要把它們介紹給你呢？

三力圖／系統圖

我們在運用任何一種工具時，都必須盡量不被其形式所束
縛，我們需要發現它的本質是什麼。而視覺化思考的本質說白
一點，**就是透過排列知識來解決問題。**

以心智圖為例，心智圖著重歸納與分類的特性，可以幫助

你將知識排列得整齊清晰。在製作百科全書、分配部門工作、釐清知識分支內容的時候，心智圖是很有效的。

概念圖則更適合用來理解知識的結構和聯繫。這對於那些需要釐清每個細節的情況，例如：學習科學知識、進行科學研究工作，或是編寫出一套軟體時，概念圖都可以用來幫助思考和學習。

不同排列知識的方式，可以有不同用處和不同效果。

換言之，無論你用的是什麼工具，是在紙上、電腦軟體上，或其他媒介上排列知識，**重要的不是排列知識的工具、媒介，而是你想排列出什麼？**

如同做數學題一樣，你無法只用一個方程式、一種計算方式來解決世上所有的數學題。面對不同問題時，你需要改變你的解題方式，甚至是創造一個解題方式。

所以重要的不是你使用什麼工具，而是在面對不同問題時，要如何變換你的工具？

我在學習使用視覺化思考工具來排列知識時，常常對心智圖的侷限性和概念圖的過度複雜感到困擾，尤其是對製作的耗時感到困擾。於是我開始思考自己的排列方式，最後摸索出了自己的排列方式，我稱之為「三力圖」。

在我使用三力圖不久之後，我發現，被譽為十大管理大師之一，同時也是系統思維大師的彼得‧聖吉（Peter M.

Senge），在他的著作《第五項修煉》裡，也大量使用了類似三力圖的方式來解說系統思考（System Thinking），聖吉稱之為「系統圖」。

聖吉認為，人的思維一般是「見樹不見林」，只看得見單一的因果關係。但系統裡沒有簡單的因果關係，只有「因果循環」（在這裡沒有宗教含義）。例如，你的銷售服務做得好，那麼顧客就會滿意；顧客滿意了，自然就會幫你宣傳產品；其他人看見有人推薦，就會向你購買產品，接著你的銷售服務又會讓他滿意，然後他又會幫你宣傳，如此循環，形成一個整體。（見圖 3-4）

系統圖就是以圓圈描繪出系統裡因素之間的「因果循環」，並以此破解見樹不見林的思維方式。

三力圖與系統圖同樣以圓圈為主要排列方式，但並不完全一樣。要製作三力圖，首先，你得在紙張的中間寫下你要理解、解釋的主題，然後嘗試使用最核心的三個要素來描述這個主題，將其寫下，然後開始思考這三個因素的關係是什麼（見圖 3-5）。

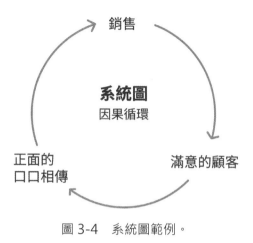

圖 3-4 系統圖範例。

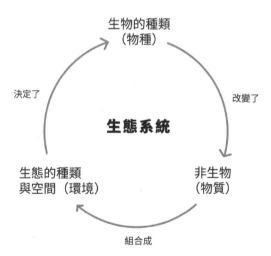

圖 3-5 用三力圖來描述生態系統，能讓你專注於思考系統的本質。

生物會改變、轉化非生物（物質）。例如，動物的呼吸會將氧氣轉化成二氧化碳，而二氧化碳的量會影響氣候環境。另外，物質的不同組合方式會塑造出不同的環境。例如，水多的地方就是海洋，沙子多的地方就成了沙漠。最後，環境又決定了什麼物種適合生存下來。例如，在海洋裡的生物和在沙漠裡的生物，它們的競爭和生存方式有著天壤之別，而這又影響了它們改變物質的方式。

我認為，比起心智圖和概念圖，三力圖更能夠在最短時間內簡單而清晰地描述出生態系統的主要特質與結構。

比起心智圖和概念圖，三力圖的主要優勢有三：

1. 追求本質。它要求你去發掘主題中最接近本質的三個因素，然後只在本質層面上進行思考和連接。這種大量過濾掉細節的方式，可以讓你專注於重要的本質。
2. 追求動態系統。三力圖最大的一個優勢，就是它非常適合用來簡化描述一個系統，以及其運作（循環）的方式。這又意味著，它也適合用來構建一個系統。
3. 追求少就是多。三力圖的複雜程度剛好可以被人類大腦的工作記憶全盤理解，它不會像概念圖和心智圖那樣讓人難以消化。同時，三力圖也大大縮短了視覺化思考所需的時間和步驟。

　　當然，三力圖也有很明顯的劣勢，那就是它無法像概念圖那樣鉅細靡遺，其中包含的資訊量甚至少於心智圖。如果以描述真實世界的知識為前提的話，三力圖就太過簡化、籠統了。

　　製作三力圖會迫使你從本質的層面上思考，注重用宏觀的角度來理解主題，因此忽略微觀細節是它的自然屬性，也是最大的弱項。

　　順帶一提，我摸索出三力圖的排列方式，其靈感是來自於喬治‧葛吉夫（George Gurdjieff）的哲學思想。葛吉夫認為，世間萬物都是由三種不同的力量所構成的。

　　這一種思想未必正確，但他啟發了我去假設「所有東西都能被分解為三個基本要素」，這才有了三力圖，以及其核心步驟——將所有東西簡化成三個基本要素。

　　總而言之，無論是心智圖、概念圖還是三力圖，它們各有各的長處與短處，並沒有哪一個真的完勝另一方。

　　它們是工具箱裡的不同工具，用以應付不同的情況。

排列知識，就是思考知識

當你嘗試排列知識時，你會發現：不同的知識排列方式，能引導你進行不同的思考方式。心智圖能引導你對知識進行歸類、層次分類、細化知識；概念圖可以讓你搞清楚知識之間的連接、關係、相互作用；三力圖可以讓你對系統有個宏觀的認知。

也可以反過來說，由於心智圖的創始人布贊的思考方式傾向於層次分類、細化知識，所以他畫出了心智圖；由於諾瓦克注重知識之間的連接、關係，所以他畫出了概念圖；由於我喜歡把事物分解為三個基本因素，所以我畫出了三力圖。

因此，你並沒有必要按固定套路來進行視覺化思考和知識排列。不同職業、不同領域會需要不同的思考方式，所以一個藝術家和一個會計師所需要的知識排列方式也會是不同的。

諾貝爾物理學獎得主費曼，也是一個擅於排列知識的人。事實上，他獲得諾貝爾獎的原因，正是因為他將知識視覺化並加以排列——他所發明的「費曼圖」，讓量子現象能透過圖形描繪出來，讓學物理的人能藉由他的圖理解量子力學，並提供了物理學家一個更好的交流與計算方式。[6]

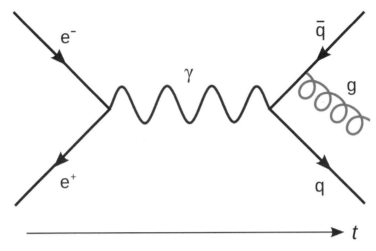

圖 3-6　費曼圖（By Joel Holdsworth）。

資料
來源 https://zh.wikipedia.org/wiki/File:Feynmann_Diagram_Gluon_Radiation.svg

　　你需要自行判斷你當下情況適合哪種排列方式，甚至自行
摸索出適合的排列方式。

　　但要怎麼摸索呢？

　　有個簡單粗暴的方式，就是「嘗試錯誤法」。

　　我們不妨來做個練習，步驟很簡單：

1. 首先找到一本你想有系統地了解的書，最好是已經看過的、
比較簡單的書，以方便練習。

2. 拿出紙筆，先寫下主題，然後將想到的知識點全部寫出來，
寫成一個清單。

3. 接著，再在另一張紙將清單上的知識點一個一個的進行連接，整個過程隨性就可以了。像組裝樂高那樣，將腦內的知識點拆散放好，然後再一個一個地排列起來。

　　第一次的嘗試主要是為了進行視覺化思考，將你知道的東西大致寫下。

4. 排列完後，你要努力找出這張圖的美中不足之處，並思考如何將它最佳化。
5. 拿出第二張紙，用新的方式重新排列一遍這些知識點。
6. 重新排列之後，如果覺得不滿意，那就再次排列、再次改進錯誤，直到滿意為止——就像組裝樂高那樣，不滿意的就拆散後重新組裝，直到你滿意。

　　這個練習可能要耗費大量的時間，並多次嘗試。但由於排列方式和你的思考方式息息相關，因此你可以透過這個練習慢慢觀察自己的思考方式、摸索其他不同的思考方式，最終達到提升思考能力的效果。
　　要注意的是，這裡沒有「絕對正確」的排列方式，也沒有「絕對更好」的排列方式。每一種排列方式都會帶來不同的新資訊和新理解。

　　我想，就連畫畫、創作藝術品也是一種排列知識的展現，是將你所理解的藝術，以及你對美的定義，透過顏色與線條來一點一點地排列成一個作品。

　　我們做的事情也是一樣的。

　　只不過我們的素材是各種知識，我們的成果是一片知識之網。

知識之網

　　我將學習的第三個層次稱為「網」的原因之一，是為了具體比喻這個層次的主要特徵。

　　來到這個層次，代表著你不僅僅是理解了不同的獨立知識點，你還對這些知識進行了排列、連接與貫通，將知識編織成了網。

　　當你將零件組裝成了部件、將部件組裝成了系統，你就不只是擁有「一堆知識點」，而是擁有一張「知識之網」。

　　這兩者在本質上有著很大的區別。

　　單一螞蟻的行為是極其簡單的，如果你將一隻螞蟻單獨放在平地上，那麼牠可能會在地上一直打轉到死；但如果將一百

萬隻螞蟻放在一起，你會發現螞蟻群會自行建構出一個系統，牠們會出現非常複雜的行為模式。例如，牠們會合作地黏在一起搭成一座橋來通過「對岸」，牠們會合作抵抗入侵者、尋找食物、搭建蟻窩，蟻窩中有複雜的通道網，甚至還有「育兒室」。

單一螞蟻依然是簡單的螞蟻，但當有許多螞蟻連接在一起時，那不會只是「許多簡單的螞蟻」，而是成了一個極其複雜的螞蟻群。

大腦的神經元也是如此，單一獨立的神經元只能傳遞與接收非常簡單的資訊，基本上無法構成什麼作用；但當我們的大腦有幾百億個神經元互相連接、通訊時，大腦就有了意識、思考、記憶及感知。

當大量擁有簡單規則的「東西」可以透過某種方式連接在一起時，就會出現非常複雜的現象。

科學家將這種現象稱為「湧現」（emergence）。當螞蟻群聚在一起時，複雜的群體行為會湧現出來；當大量的神經元互相連接、通訊時，意識會湧現出來。

人類的情況也是如此。當人類只有寥寥幾人住在一個荒島時，他們的生活方式會非常簡單。但當人類群聚成一個城市、國家的規模時，就會自然而然地湧現出複雜的經濟模式、習俗及文明。

　　但並不是所有東西在增量之後就都會湧現出複雜的現象。當沙子聚成一堆時，由於沙子和沙子之間沒有太多的連接和相互作用，所以並不會產生湧現。

　　像沙子這種彼此間沒有任何內在連接的東西聚在一起，用簡單的數學來表示的話，就是 1+1=2。但像螞蟻、大腦神經元、人類這種可以彼此產生連接的東西聚在一起時，就會產生 1+1≥2 的現象。

　　簡而言之：**連接的整體，大於局部之和。**

　　知識也是如此。

　　當你沒有對知識進行連接、排列時，100 個知識點就是 100 個知識點。

　　而當你將知識點進行連接、排列時，將 100 個知識點連接在一起時，知識就會湧現出新的資訊、新的認知新的理解及新的思維。相互獨立的「一堆知識」和連接在一起的「知識網」，在本質上是有所不同的，正如「動植物」與「生態系統」是不同的。

　　但「排列知識」只是編織知識網的其中一個方式，這個方式只能編織出半張知識網，不完整的知識網。

　　我們還需要學習另一個方式，才能編織出完整的知識網。

兩種知識

認知科學家認為，知識可以粗略地分成兩種，一種是「外顯知識」（explicit knowledge），另一種是「內隱知識」（tacit knowledge）。

外顯知識指的是任何「透過符號系統表達的知識」。例如，這本書講的就是外顯知識，老師在課堂教課也是在傳輸外顯知識。外顯知識還包括了語言、手語、圖表、旗語、編碼之類的符號系統。

而內隱知識則和外顯知識相反，指的是非符號形式表達的知識。例如，你的父母可能不曾把他們某種處事風格明確地告訴你，但你還是透過潛移默化，從他們那裡習得了他們的處事風格，這就是一種內隱知識。

內隱知識還有一個重要的特徵，那就是與情境有關。例如，假設你是一個經驗非常豐富的銷售員，可說是閱人無數。面對不同的顧客，你會使出不一樣的銷售手段。但當你的同事問你，怎麼判斷哪種顧客要用哪種銷售手段呢？你可能會答不上來。因為大多數你面對顧客的具體情景，已經被內化成了內隱知識的一部分。

在不同的領域，內隱和外顯知識的比重會有所不同。例如，你主要透過外顯知識來學習數學和物理學等學科，這些學科通

常都可以用符號來表示。

　　但當你要學習游泳、繪畫時，你就會發現外顯知識有很大的限制，這時你只能透過內隱知識的途徑來學習了。具體來說，重複觀察他人是怎麼游泳和繪畫的，然後自己親自重複嘗試，你就能學會內隱知識。

　　看起來，外顯知識和內隱知識似乎是分離的。這直覺是對的，正如嬰兒無須透過任何外顯知識來學會呼吸、走路一樣。

　　但在其他的大多數時候，外顯知識和內隱知識是重疊在一起的。舉幾個例子你就能明白這一點。

　　想像你在閱讀某本探討人類意識的書籍。作者在書裡使用文字來解釋「意識」這個東西，他在書中說道：「什麼是意識？意識是當人思考到自己思考的思考，感受到自己感受的感受。意識是一個模糊的概念，無法通過語言準確地描述。」

　　顯然，作者無法透過外顯知識來告訴你意識是什麼，但身為人類的你，卻清楚地知道自身意識的存在，也知道作者在說什麼。

　　作者雖然以外顯知識的形式與你溝通，但他卻激發了你的內隱知識。

　　這樣說還是有點玄，我們換個更有代表性的例子。

　　當你做數學題時，雖然你眼睛看到的是外顯知識，腦袋處理的也是數字符號；但當你做了許許多多的數學題之後，你會

隱約察覺到數學遵循著某種規律模式。你會對數學題產生某種直覺，這個數學直覺是難以用語言表達出來的，但你確實感覺到了它的存在。這就是「熟能生巧」的狀態，當你大量地重複演練外顯知識後，你會在過程中產生出一些內隱知識，你會領悟到某種難以言傳的模式和規律。

但這種「難以言傳」的內隱知識，其實也不是真的無法言傳的。概念圖創始人諾瓦克的研究就發現，讓那些內隱知識豐富的大師級人物（例如，大師級演員）透過製作概念圖來描述他們的思考、感受和演出過程，是有助於將內隱知識轉化為外顯知識的。研究表明，比起讓大師演員用口語講述，概念圖更能表達出他的技能精華。❼

又例如，一位游泳健將是可以透過外顯知識來理解游泳的。當游泳教練告訴他一些游泳祕訣時，他一開始可能會不太理解教練的話是什麼意思；但等到他真的嘗試運用這個祕訣後，他就會忽然對教練所說的話產生頓悟，打通外顯知識和內隱知識的連接。

總而言之，外顯知識和內隱知識並不一定是「兩種全然不同的東西」。它們是可以（但不一定會）有所重疊的，可以被同時啟動、相互轉化，以及相輔相成。

　　由於在不同領域裡，這兩種知識畢竟是有不同的比重，因此我們還是發展出了不一樣的學習策略來應對。例如，我們一般會在學習外顯知識時要求自己達到「理解」，在學習內隱知識時要求自己達到「熟練」。

　　人們很容易搞混「熟練」和「理解」這兩個概念，以為熟練就等同於理解，或者理解就等同於熟練。其實兩者並不完全是同一個概念，你可以很熟練地走路，但你未必理解為什麼人可以走路；反之，你可以透過物理學來理解鳥兒如何飛翔，但你並不能像鳥兒一樣熟練地飛翔。

　　我們在前面已經探討了如何記憶和理解知識，這有助於幫助我們學習單個知識點。接著我們探討了如何對學到的知識點進行排列，讓知識變得有系統、產生新價值，而這些都傾向於外顯知識的範疇。

　　換言之，我們對「如何學習外顯知識」做了相當多的討論，但我們還未談到如何「熟練知識」，或者說「如何學習內隱知識」。

單純重複、情境連接、刻意練習

我們可以用學開車做為例子，簡單說明我們是如何學習內隱知識的：

想像你是第一次學開車，一開始駕訓班教練會透過外顯知識指導你要做什麼。例如，調整好座位、後照鏡、繫好安全帶、發動，然後踩油門、剎車、轉動方向盤等等，都是透過非常簡略的外顯知識來指導你。

但當你親身實踐時，你會發現，你並不知道在上路時油門到底要踩得多深？要怎麼控制剎車力道才不會忽然急剎？在前面過彎時，轉動方向盤的幅度要多少？這些都需要你親自去摸索，駕訓班教練只能告訴你「慢慢來不要怕」，但他無法具體地將他「控制油門的經驗」或其他經驗傳達給你。

這時，你只能靠單純的重複練習來摸索，但只要重複的次數夠多，幾個星期後你就能把油門、剎車和方向盤控制得很不錯了。

所以在一開始，單純的重複練習，就足以讓我們掌握隱性知識。

隨著你駕駛的經驗愈來愈豐富，你覺得自己已經有足夠的能力把車開到任何地方了。於是你大膽地開出只有平路的

區域，挑戰上下坡、圓環交叉路口，或是在車水馬龍的車陣裡切換車道等等。

　　一開始你可能不太適應這些比較少接觸的情境，但你還是做得不錯。隨著次數增多，你很快就掌握了足以應付這些情境的駕駛知識。這時你掌握的內隱知識不只是「油門要踩得多深」了，而且還掌握了「在上坡路油門要踩得多深」，還有「在下坡路油門要踩得多深」，在「塞車時怎麼控制油門」等等。

　　這意味著，你的內隱知識還涵蓋了不同的「情境資訊」。你能在應對不同的情境時，迅速調整你的駕駛知識來做出不同反應。

　　當你在不同情境中使用知識後，情境就會和知識連接起來，形成新的內隱／外顯知識。這也可以說是「經驗」一詞的具體描述。

　　現在，你可以在絕大多數的日常情境中輕鬆地開車了。過了 3 年後，你成為了一個成熟的司機。

　　那麼再過 10 年呢？再過 30 年呢？你會發現，過了 30 年後的你，駕駛技術與知識可能有些許的進步，但和 30 年前相比並沒有太大差異。你的進步幾乎停滯了，你並沒有因為大量的駕駛經驗，或者超過一萬個小時的駕駛時數而成為麥可‧舒馬克（Michael Schumacher，世界頂尖賽車手）。

你說這是因為你根本沒有朝那個目標努力，所以你當然不會成為頂級賽車手。好吧，讓我們回到 30 年以前。你找到了麥可‧舒馬克的師父，他叫做克馬舒，並讓他答應當你的賽車教練訓練你，教導你如何讓駕駛技術更上一層樓。

訓練的第一課，克馬舒就提到了一個心理學名詞，叫做「刻意練習」（deliberate practice），他解說道：「刻意練習和單純的重複練習不一樣，如果你只懂得單純的重複，那麼就算給你 30 年、60 年，你也不會成為合格的賽車手。而如果你懂得刻意練習，那麼你就可能在幾年之內成為合格的賽車手。」

具體來說，什麼是「刻意練習」呢？

「刻意練習」由心理學家安德斯‧艾瑞克森（Anders Ericsson）提出，艾瑞克森是一位專門研究傑出人物的心理學家，他在完成了許多的研究後發現：在人們眼中的天才，其實都是透過大量的練習才培養出來的。❽

例如：沃夫岡‧阿瑪迪斯‧莫札特（Wolfgang Amadeus Mozart）之所以擁有極高的音樂成就，並不全是因為他的基因特別優秀（順帶一提，關於基因天賦的作用，科學家認為一般會佔 30％左右的影響）。

　　艾瑞克森認為，莫札特的音樂成就是源於他從四歲就開始被身為音樂導師的父親訓練演奏各種樂器，進行刻意練習。期間他跟隨父母的樂團到處巡迴演出，這時的他已經可以將樂器彈奏得很好，也有了一定程度的演奏與音樂創作能力。

　　那麼，莫札特創作出第一首算得上原創的、複雜的曲子是在何時呢？答案是 15 歲那年。而這時的莫札特已經練習樂器足足 10 年之久了。

　　艾瑞克森進一步指出，如果你將類似於莫札特從小就接受的訓練強度、方式，安排到普通小孩身上訓練 10 年，那麼這些小孩也能表現出如莫札特般的音樂能力，演奏得出莫札特演奏的曲子。他強調，天才不是單憑基因、天賦就能養成的，後天恰當的訓練才是培養出高手和大師的關鍵。

　　同樣的，在國際象棋、圍棋領域裡的高手，還有頂級的運動員們，無不是經歷過大量刻意練習才成為高手的。

　　但必須注意的一點是，「刻意練習」和一般的「單純重複練習」不同。刻意練習算是一種「特殊」的練習方式，有明確的規則和條件需要遵守，以下簡略介紹：

1. 有個好教練

刻意練習要求你找到一個能指導你練習的教練。這位教練必須熟悉了解你領域裡的傑出人物，對優劣有清晰的判斷，而且懂得安排你進行正確的練習和訓練。

好的教練會帶領你一步一步走向優秀，而且也可以成為你學習的榜樣。

2. 挑戰適當難度

總是挑戰適當的新難度，這樣你才會進步而不是原地踏步。同時，又要注意不要挑戰太大難度——具體來說，你可以把練習分成三個區域：舒適區、學習區和恐慌區。

當你練習那些早已掌握、熟悉的知識技巧時，你就是在舒適區以內。例如，對有經驗的駕駛人士來說，日常生活的駕駛都是在舒適區以內。

而當你嘗試把自己推向一個新難度時，這時的練習，就是在學習區內。例如，讓自己在跑道上駕駛、打破自己在跑道上的一個記錄，或是掌握進一階的技巧等等（在相鄰可能範圍之內）。

　　在學習區內練習時，你會很清楚自己是可以做到，只是你需要一些時間來練習而已。

　　當你嘗試給予自己太大難度時，你就是處於恐慌區了——你在練習時會感到不知從何下手、不知所措。你不知道如何做到，你可能會覺得自己無法做到。

　　當進行刻意練習時，你要盡量確保自己在學習區裡練習，對還未掌握的技巧進行大量的重複練習，直到這個技巧變成舒適區為止，然後就轉向下一個學習區之內的技巧。面對還遠遠無法掌握的東西，就暫時別去挑戰。

　　說白了，就是時時刻刻要求自己在能力上前進一兩步，而不是停步，或跳躍一百步。

　　此外，教練也可以幫助你判斷你的練習處於哪一個學習區內。

3. 專注與警覺

　　在練習的時候，你要緊繃神經全力以赴，並警醒地觀察自己在練習中是否犯錯，注意自己為什麼會犯錯。

　　在我看來，就是要進入「心流」狀態（flow，一種與武俠小說裡的「無我」類似的狀態），心流狀態可以讓你發揮最大的實力水平，這對你的學習和自我突破有極大的幫助。

而進入心流狀態的前提之一，就是任務要有一定的難度，但你的目標必須是在學習區以內。

4. 整體目標和具體小目標

你要有一個比較大的目標，例如「成為合格的賽車手」。這有助於釐清自己到底要做什麼，其重要性是顯而易見的。

但更重要的是，你還需要一個具體的小目標，例如「以 2 分鐘跑完跑道」。在完成這一個目標之後，再向新的小目標前進，例如「以 1 分 45 秒跑完跑道」。

你也可以把掌握「踩油門」、「高速轉彎」之類的技巧當作是小目標。小目標可以讓你專注完成一件事，也可以讓你錨定在學習區內，逐步進步。

5. 即時的回饋

當你在練習中犯錯的時候，你需要知道自己是哪裡做得不好、哪裡需要改進。這樣你就不會重複犯下同樣的錯誤，也才能進步。

關於這一點，最好的就是有教練在旁邊觀察你練習，給你建議。但如果真沒有教練，你也可以透過參考比你傑出的人是

怎麼做的，並以此來改進自己。前者會比後者來得效率更高。

上面這五項規則是刻意練習的精髓，若你能遵循這五個規則進行刻意練習，你就能獲得比一般練習更快的進步。如果你持之以恆（通常這意味著至少好幾年不斷練習），你就能成為高手、大師。

在我看來，刻意練習的用處就在於，它極其注重培養個體的內隱知識，而不是外顯知識。

這意味著，在內隱知識比重較大的領域裡，諸如音樂、象棋、體育和賽車這類難以靠言傳教授的領域裡，刻意練習可說是最高效的學習方式。

以國際象棋為例，一位國際象棋大師之所以能夠快速判斷一個複雜棋局的局勢，然後針對這一局勢決定要下哪一步棋、用什麼策略，是因為在他的大腦裡，有著大量的棋局模式、推理模式、每一步棋的可能後果。

這些資訊是從哪裡來的？

有一小部分可能是靠看書、聽課、傳授得來的外顯知識，但絕大部分都只能透過大量刻意練習象棋來獲取，是從教練和對手的身上潛移默化得來的；是從大量不同的情境／棋局中得來的；是從不斷重複的某個片段中得來的；是從持續的反思與改進中得來的。

他未必記得自己是幾時獲得了這些資訊，但這些資訊的確被潛移默化，變成了內隱知識，被編織在他的知識網當中了。

現在，我們探討了刻意練習，而如果要簡單概括刻意練習的核心是什麼的話，那就是：熟練之後再進一步，良師、情境、潛移默化。

最後必須再次強調，刻意練習這個學習方法的核心可說是極其簡單，**其真正困難之處在於持之以恆。**

好消息是，我們可以進一步加速、提升刻意練習的進步效果，以減少成為大師或高手的時間長度。

更好的消息是：只靠想像就能做到這點。

用「想像」加強刻意練習的效果

今天是工作日，你一如既往的搭公車上班，在公車裡坐好後，你閉上了眼睛，開始想像自己在舞臺上彈鋼琴，但不是以第三人稱、旁觀的那種，而是以第一人稱的視角在彈鋼琴。

即使只是想像，你還是明確的感受到手指上下擺動的感覺，你聽見了自己奏出的音樂旋律，看見觀眾凝神靜聽

的表情，感受到鋼琴的微微振動。在這個心理演練（mental rehearsal）的過程中，你還察覺到了自身情緒上的改變，你感到十分陶醉、興奮。

20 分鐘後，公車抵達目的地了，這時你才停止了以上的心理演練，你在這次心理演練中彈了四首曲子。

下車後你不禁思考，在做了 20 分鐘的心理演練後，你的彈琴技術是否會因此而提升了呢？

運動科學實驗給出的答案是：會。哪怕是坐著不動，只是想像自己練習，那也能達到提升能力的效果：

在一項實驗中，研究者招募了一群至少有十年經驗的高爾夫球員，並在他們身上測試了心理演練是否能夠提高賽場發揮。

這些球員要從球場上的沙坑將球打上果嶺，盡量打到一根旗桿附近。研究者根據球在旗桿周圍的落點，給這些球員評出 0 到 10 的分數。

球員的總分由 15 次擊球的得分平均算出。在取得第一輪分數之後，研究者將球員分為四個小組：實際訓練組、心理演練組、混合訓練組和對照組。

　　對照組無須訓練，只要閱讀著名高爾夫球手的傳記即可；實際訓練組一共訓練六週，每週兩次，每次從沙坑中打出 15 顆球；心理演練組則想像自己在六週內每週訓練兩次，每次打 15 顆球；混合訓練組同樣是訓練六週 ，但每週是實際訓練和心理演練各一次。

　　在六週的訓練之後，球員們回到球場再度競技。這一次也是從沙坑打出 15 顆球，取平均得分做為總分。最後，研究者計算了四組球員的得分變化：

表 3-1　四組高爾夫球員的得分變化

訓練組	得分變化百分比
實際訓練	+13.27
心理演練	+7.79
實際訓練 + 心理演練	+22.38
對照組	-1.94

　　結果證明心理演練確實有效，儘管效果不如實際訓練那麼大，但至少是顯著的。關鍵是，**比起單一的選擇實際訓練或心理演練，將這兩種訓練方式兩相結合能獲得最大的進步效果。**

心理意象的好處在其他運動項目中也已經有相似的表現。這些項目包括籃球、射箭、體操、舉重、跳高和游泳等等。❾

若用本章的語言來解讀這個實驗的話，我們可以說：比起只是刻意練習，我們還可以在刻意練習之上加入心理演練，以達到更高速的內隱知識學習和進步。

但是，怎樣的心理演練才是正確、有效的心理演練呢？

運動科學家保羅・霍姆斯（Paul Holmes）和大衛・科林斯（David Collins）為這道問題提供了答案，他們提出了名為PETTLEP 的心理演練法。

舉例而言，對於一個想要進行心理演練的棒球員來說，PETTLEP 這七個字母給予了他七個心理演練的要點❿：

Physical 身體：在心中模擬出完美揮動球棒所需的每一個動作。

Environment 環境：想像照亮球場的燈光和觀眾的呼喊。

Task 任務：不僅要想像揮棒的動作，還要想像揮擊的物件。要感受球飛來的感覺。

Timing 時機：模擬在現實中完成揮棒所需的時間。

Learning 學習：在取得進步之後，也要對意象做相應的難度調整。

Emotion 情緒：感受那個重要時刻來臨時，自己緊張的心情和快速的心跳。

Perspective 視角：要以第一人稱的視角體驗這些心理意象。

　　PETTLEP 裡每個部分的用意都是要讓心理演練能夠更加精準、更貼近實際的體驗。霍姆斯和科林斯相信，使用者的心理模擬愈是精確，效果就愈好。

　　現在，好奇心旺盛的讀者可能已經按捺不住了，到底為什麼心理演練會有增進能力的效果呢？

　　神經科學家給出的解釋是：對於同一個項目，無論是實際訓練還是心理演練，它們所激發的神經元和腦波都是大同小異的。❶

　　如果你在現實中擺動左手時會激發神經元 X，那麼想像自己擺動左手時也會激發神經元 X。換言之，兩者都能加強神經元之間的突觸連結（我們待會會再解釋這個現象的含義）。

　　另外，兩者都會發送肌電訊號到你左手的肌肉細胞，使它們劇烈的收縮，無論你是否察覺到。❷

　　由於想像能影響肌肉細胞，因此想像還能為肌肉強度帶來實際改變。事實上就有研究指出，比起對照組，每天花 15 分鐘想像自己收緊拇指的受試者，在十二週後拇指的實際收縮力增加了 35％。

　　當然，我建議你把時間花在心理演練其他身體部位的肌肉強度或技能，而不是演練收縮小拇指。

所謂的知識網

　　接下來，我們繼續未完的話題：如何編織出完整的知識網？

　　近年來的腦神經科學研究表明，大腦是具備可塑性（neuroplasticity）的，個體的大腦會隨著個體的成長及行為而產生變化，改變大腦的連結方式❸。其中，個體的學習會讓大腦產生至少三種改變：

　　首先，大腦的網絡並不是恆定的，隨著個體的學習與遺忘，大腦神經元的網路會重新連接、佈線，大腦會重新佈局。學習能夠實實在在地改變大腦的硬體和網路。

　　但大腦是怎麼重新佈線的呢？

　　神經心理學之父唐納德‧赫布（Donald Hebb）提出了一個簡單的規則：一起發電的神經元，就會串連在一起（Cells that fire together, wire together）。❹

舉個例子，當小孩第一次親手按下開燈的機關時，他發現眼前的燈就神奇地亮了。這時如果觀察他大腦內部的運作，我們會發現他大腦裡的「開燈動作的神經元」和「燈亮了的神經元」連接在一起，形成了學習。

一起發電的神經元，就會串連在一起，這是第一項。

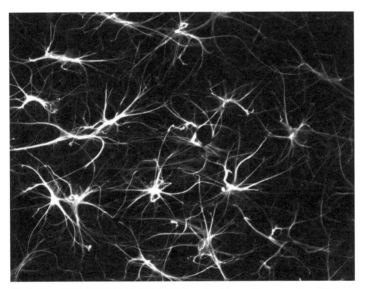

圖 3-7　千絲萬縷的神經元網路（By Yann Bernardinelli）。

資料來源 https://commons.wikimedia.org/wiki/File:GFAP_16DIV_2.jpg

第二，重複學習某件事情能夠加強神經突觸（可理解為連接神經元的「線」），傳輸訊號的速度會更快、更穩定。

　　我們能產生熟練的感覺，就是因為這個原理——你能夠很熟練地開車，是因為你大腦裡負責處理「開車」的神經元網路被強化了，它們傳輸資訊的速度變快，也能夠更穩定地傳輸資訊。

　　第三，當你長期高強度地使用某個腦部區域時，該腦部區域的體積會增加，灰質（grey matter）也會增加。

　　有研究發現，倫敦計程車司機的大腦裡負責空間推理的區域，會比一般人的更大，這是因為司機們必須熟悉倫敦那極其複雜的交通路線。❺

　　理解了學習對大腦產生的影響之後，再回顧我們本章一開始談到的視覺化思考和排列知識，亦即在紙上思考不同因素之間的聯繫，你會發現：排列知識其實就是「有意識地為大腦重新佈線」，是「手動」地嘗試將外顯知識進行不同方式的連接。**也就是主動地調整自己大腦的網路結構。**

　　從神經科學的角度來看，每個人大腦的神經元數量其實相差不大，而造成人們認知出現差異的關鍵，就是不同的連接方式和佈線方式，這個理論被稱為「連結論」（Connectome）。❻

　　連結論認為，大腦的網路結構被重新佈線後，你的認知就會產生改變，看事情的角度也會產生改變。用我們前面的例子

來說，就是將「樹木」看作是「森林」的理解升級，或是將「森林」看作是「生態系統」的理解升級。

那麼，本章後半部探討的刻意練習呢？

是為了增加佈線的數量，並且加強佈線的密度和強度。

透過刻意讓自己進入不同情境，在不同的難度或不同人的指導下大量練習，我們能將練習時所接收的新資訊（無論是外顯還是內隱知識），與自身所擁有的知識和技能連接在一起，形成一個更大的網路。

在大量的刻意練習後，能夠強化連接、增加速度，並讓它變得更牢固。在長期的刻意練習之後，對應的腦部區域連接密度會提高，體積也會變大。

換句話說，**刻意練習就是主動擴展對應的大腦區域，增加連接的廣度、強度和密度。**

而無論是排列知識還是刻意練習，其實都是在有意識地將資訊、知識或任何技能建構成一個整體／體系／系統，也就是有意識地去建構一個連接密度與強度更高的大腦。

用本章的比喻來說，就是編織知識之網，系統化地整合知識。

但是，具體來說，我們到底為什麼要編織知識之網呢？

這是因為編織知識網有助於實際提升實力。以攝影的行業為例，相對於一個菜鳥攝影師，當一個頂尖攝影師按下快門時，

他的大腦裡面會有一片連接密度更高、更快、更大的網路受到激發，這片網路所能處理的資訊和所能考慮到的事情，都會比菜鳥攝影師更多——可能會考慮到如何構圖、如何突出顏色對比、如何用照片說故事等等的知識點，還會考慮到這些知識之間的相互作用、關係與輸出。

頂尖攝影師在拿起相機攝影時，他透過鏡頭所看見的世界也是不一樣的。他可以將真實世界的面貌美化、故事化，因為他大腦裡的那一片攝影相關網路的佈線與他人不同。

菜鳥攝影師的大腦裡並不具備這種等級的「攝影網路」，他只能考慮很少的事情，也只能處理很少的資訊。這不是因為菜鳥攝影師的大腦天生就不夠好，或智商不夠高，而是因為菜鳥攝影師還未編織出足夠強大的知識之網。

是知識網的連接廣度、密度和強度，決定了頂尖攝影師能處理的資訊，也決定了他拍下的照片會有更好且更穩定的品質。正是因為知識網的佈線方式不一樣，才決定了頂尖攝影師可以用不同的眼光來看待世界。

當你編織出一片連結度夠高的知識網，你的思考自然就會成為系統化思考，決策也自然會成為有格局的決策，你的輸出會自然成為一個完整的整體。

這才是所謂的知識體系——不是將知識放在不同文件夾裡進行「管理」，而是讓知識之間產生連接。

　　這也正是所謂的系統化學習——並非依賴別人來幫你打造一個系統，而是透過自身的學習來形成你的系統。

　　這就是編織知識網的目的。一個人的實力有多大，全都展現在他的知識網裡。

　　這裡，我想我們終於可以給知識網下一個明確的定義：

「知識網」是你的外顯與內隱知識之連結總和。

排列知識與刻意練習的總結與侷限

　　本章重點討論了「排列知識」和「刻意練習」這兩大學習神器，以及兩者能產生的巨大實際作用。總結來說，這兩把學習神器就是編織知識網的一切所需。但這並不意味著，這兩大學習神器就沒有侷限（儘管我把它們稱為「神器」）。

　　首先，排列知識在工作記憶超載方面依舊是無解的——將知識搬到紙上排列雖然能緩解工作記憶的負擔，但隨著你不斷深入理解各種知識，需要處理的資訊、知識增加，工作記憶依然會超載。

　　另外，刻意練習實踐起來也很有困難度：

　　一來是必須得長期堅持下去，就算訓練很沉悶、很苦，也必須要忍耐，而這已經足以淘汰一大票人了。這個困難也是無解的，因為無論是誰都必須大量練習才能成為真正的高手。

　　二來是你需要找一個好教練，這有時不是交學費就能做到的事情。因為普通教練很多，但好教練是極稀少的資源；但就算你獲得了好教練，他也無法一輩子給予你教導，總有一天你需要靠自學成長。

　　最後，也是最困難最重要的一點：**刻意練習要求你總是知道自己的可改進之處在哪裡**。這在你擁有一位教練指導你的時候並不難，但如果你是透過自學，難度就會高出許多。

　　心理學家發現，人類的認知普遍存在各種「盲點」，心理學家將這些「盲點」稱為「認知偏誤」。「認知偏誤」會導致個體難以意識到自己錯在哪裡⓱。此外，就算個體能發現自身的錯誤，他也可能為了顧及感受而拒絕承認自己是錯誤的，最終往往導致無法修正錯誤，而讓個體的進步停滯。⓲

　　從這一點看來，無論是排列知識還是刻意練習，本身都並不具備克服這些盲點的條件。換言之，就算你進行了排列知識和刻意練習，你所編織的知識網仍有可能存在錯誤。

　　另外，大多數人都會朝同一個標準刻意練習，大多數人也都能在假以時日之下達到行業的專業標準。因此要達到鶴立雞群的程度，則還需要一些額外的努力和學習，讓自己的知識網更加獨特，從而更進一步提升自身的價值。

　　知識網並不是「又強又大」就行，試想一個長期向神棍學習錯誤知識的人，無論他費了多大的勁、把知識網編織得多強大，他的知識網本質上還是錯誤的。

　　說白了，就是知識網不僅有強度、密度和廣度之分，還有品質之分。

　　有些人的知識網質地很堅韌，能經歷時間的考驗；有些人的知識網很豐富，包含了不同領域的知識點；有些人的知識網很獨特，能產生別人無法具備的價值。

　　而要理解如何拓展知識網的品質，我們需要再往深一層。

學 習 層 次 4　拓

—— 第 4 章 ——

全面拓展

首先，你需要挑選新鮮、有品質的材料。
然後，你確保食材足夠多樣，營養足夠多樣。
最後，你以你對食材的理解，創造出美味又營養的佳餚。

多數人對「學習」這個詞彙的定義，就是從外部獲得知識、新知，或者鍛鍊自己直到熟練某種技能。但如果抽象地看，學習其實就是為了獲得「新東西」，無論是新知識、新資訊、新技能，還是新思想。

那麼，如果一個人透過思考獲得了新知（而不是從外部獲取），例如透過思考啟發獲得了創意、洞見，這算不算是一種學習呢？思考並改善自身的錯誤，又算不算是一種學習呢？

答案是肯定的。無論從我們的經驗來看，還是從神經科學的角度來看——思考和一般的學習，都能改變大腦的連接結構。❶

但大多數人都不會透過思考來學習，因為大多數人都懶得思考。科學家對此的解釋是，這是因為人類傾向於節省能量（演化心理學），因此當人們不需要進行任何思考時，他們就不會去思考，而是會對自己信任的資訊來源照單全收。所以我們甚至可以進一步地說，思考是一種更高階的學習方式，因為其難度更高，也更稀有。

但更重要的是，透過思考學習能帶來更大的個人成長。

當你讀到一個知識點時，如果你只是照單全收，那就只能收穫到一個知識點。但如果你讀到一個知識點後，開始思考：

「這個知識正確嗎？這個知識提醒了我什麼？」

「這個知識與我的生活、工作領域有什麼關聯？」

「有沒有其他知識，能取代眼前這個知識呢？」

可以預見，當你在學習中進行諸如此類的思考時，你自然就會獲得大於一個知識點的收穫，還可能是兩三倍的收穫。

但這裡還有一個問題——有時候並非你不想對知識進行思考，而是你不知道要怎麼對知識進行思考。你可能不知道要問什麼問題，也不知道要如何才能讓不同的知識相互碰撞產生新知。

而本章要談的，正是透過「學習＋思考」來拓展、加深知識網。

但在此之前，我們得先談談我們所處的這個時代。

這是最好的時代，也是最壞的時代

從摩爾定律（Moore's Law）啟動的那一天開始，人類就註定會走入資訊時代（information age）。這是一個所有人都能快速便捷地傳達資訊、吸收資訊、處理資訊的時代。

如果一位古代的學習者穿越到今天，他除了會驚訝人類文明與科技的發展之外，可能還會對這個時代的一大特徵做出感嘆——**在這個時代，要獲取知識太容易了。**

前人必須付出大量資金，透過人脈、地位才能獲得的知識，現在變得幾乎人人都能獲取。知識依然有其價值，但獲取知識的管道大大地增加，獲取知識的門檻也大大地降低。基本上，只要你能連上網路，你就能在任何時間地點獲取知識。

但如同查爾斯‧狄更斯（Charles Dickens）的名言所說：「這是最好的時代，也是最壞的時代；這是智慧的時代，也是愚蠢的時代。」

資訊時代為我們帶來了許多的益處，這你我都能在日常中感同身受，這裡就不多說了。但資訊時代也為我們帶來了無可避免的負面效果。

具體來說，資訊時代帶來了三個困境，這三個困境是每個人都註定要面臨的挑戰。

資訊時代的第一個困境是：當資訊變得唾手可得的同時，

人們的注意力也逐漸被巨量資訊所淹沒了，資訊變得氾濫。

那麼「資訊氾濫」這個現象具體又有什麼問題呢？

其中一個明顯的問題就是會釀成「擠出效應」，將正確的、重要的知識擠出了人們的注意力之外。書局裡總會有一大堆的書其實是無關緊要、讀不讀都無所謂的，但這些書就是會擋在好書的面前，干擾你的判斷。

這種現象在網路上更是氾濫，一大堆垃圾資訊佔據了螢幕，而且通常是愈膚淺、愈娛樂取向的資訊出現得愈頻繁。這些資訊還會用各種有吸引力的標題來吸引你的注意力，誘使你點擊進去，導致你將時間和精力都浪費在了垃圾資訊上。

有經驗的學習者早就意識到了這個問題，因此他們會有意識地砍掉垃圾資訊的來源，取消追蹤任何垃圾資訊的製造者，選擇性地挑選有價值的資訊管道。

而這也是知識服務商（例如：大學、學術期刊、邏輯思維、網路自媒體）存在的價值。他們的一大作用就是精挑細選出特定領域的重要知識，讓用戶在使用他們的服務後，能夠專注於吸收重要的資訊上，讓時間和精力達到更大效益。

但是，知識服務商的素質良莠不齊，他們所推播的資訊也不一定都對你的胃口。他們認為有價值的知識，並不代表對你來說也有價值；有時他們會用力過猛，推播過多資訊（通常是網路自媒體），結果知識服務商也成了資訊氾濫的根源。另外，

知識服務商也不總是對的，畢竟每個人都會犯錯，他們傳達的資訊有時也會出現錯誤。

因此，個體還是有必要自行建立一套「過濾機制」。

一來是為了在日常的巨量資訊中過濾掉無益的垃圾資訊，以及比垃圾資訊更具危害性的錯誤知識（例如：各種偽科學知識、毫無根據的資訊），對知識服務商也需要進行再過濾，確保正確性。

二來是為了「找錯」，為了找到資訊的錯誤之處，找到自己或他人的錯誤之處，然後從錯誤中學習、成長，提升自己的正確性。

整體而言，你的過濾機制決定了知識網的正確性有多高，正確性的高低則決定了知識網的輸出品質。

我們需要提升正確性。

當資訊變得極其容易獲得時，所帶來的另一個變化，就是人們可以學習更多樣的知識，讓思想變得更多樣。我們可以透過大量的線上開放式課程、書籍和文章，去學習其他領域的知識，大幅度地開拓我們的知識邊疆，而且其成本是絕大多數人都能負擔的。

按理想的情況來說，應該會有許多人善用這些方便的資源去提升自己，學習專業與專業之外的領域，以拓展自己的知識面。但在現實中，只有很小的一部分人「足夠勤勞」，能實踐

跨領域學習。

　　這是因為人們還停留在傳統的觀念——出來社會就必須培養一技之長，也只需要培養一技之長；要獲得美好的生活，就應該投身於一個領域，然後一輩子專注地做好這個領域的工作。

　　而事實也的確如此，你並不需要成為一個「通才」才能填飽肚子，你只需達到前面的三個學習層次，成為一個「專才」就已經足夠了。另外，專注於成為一個專才容易得多，而要成為通才不但困難，還給人一種學而不精的感覺。

　　目前來說，要能夠生存並過上中產階級的生活，成為專才足矣。但如果你有力爭上游的野心，也不是個只滿足於現狀的人，那麼你可能會考慮嘗試成為通才。

　　有研究發現，擁有多樣知識的通才，其平均薪資比專才更高；在某些需要複雜技能的領域，通才的收入甚至可以比專才高出 44%。另外，通才式的 CEO，無論是受歡迎程度還是收入，都高於一般的 CEO。❷

　　為什麼通才會比專才更值錢呢？

　　答案就在於「知識的多樣性」。

　　通才往往更擅於解決問題，這不是因為通才的智商比較高，而是因為通才往往能夠用不同的角度和眼光來思考問題，為領域帶來新的見解。

　　換句話說，通才的「工具箱」裡總會有多種不同功能的工

具，能搭配運用來解決各類問題；而專才的「工具箱」裡通常只有一個種類的工具，所以解決問題的能力自然有限。

創新工場董事長李開復曾對未來的職業發展評論道：「純技術，不如懂技術和用戶；懂用戶，不如懂技術、用戶和產品的人。這種綜合的能力是非常非常強大的，無論你是想去什麼地方，這是很重要的。」

而既然成為通才是有回報的，那麼我們可以預期會有愈來愈多的人願意跨領域學習，也會有愈來愈多人意識到跨領域學習的重要性，正如上一代的人意識到上大學的重要性。

再加上身處於資訊時代，科技會讓跨領域學習的成本再進一步下降，將會有更多的人得以實踐跨領域學習，也將會有更豐富的知識供你學習、提升知識的多樣性。

慢慢地，職場上的升遷條件將會提高，以前和現在你都只需要有單一領域的文憑，展現出你在該領域的專業知識，就足以獲得升遷的資格。但你會慢慢發現：競爭的標準升級了。除了需要展現出專業知識之外，你還要跨領域學習，以提供一些你的同行、同事所無法提供的價值。這樣你才比較有望獲得升遷，以及獲得同行未能具備的競爭力。

我們需要提升多樣性。

　　資訊時代還有一個特點，那就是世界前進、變動的速度正在加快，科技也在加速進步❸。這些加速除了帶來更便捷的生活以外，還導致了一些舊有的技能知識的價值正在貶值。

　　例如，計程車司機透過長年的工作，終於熟悉了城市裡複雜的交通路線，因此他具備了乘客所沒有的優勢，總是知道更快到達目的地的路徑。但這項優勢已經被先進的全球定位技術所超越並取代了。每個人只要打開手機裡的地圖應用程式，就能獲得更精準、即時更新交通情況，並能計算出最快到達目的地的路線。

　　除此之外，無人駕駛技術也逐漸成熟，甚至能提供比人類駕駛更安全的行程。早在 2010 年，谷歌無人駕駛就已經在從鬧區到高速公路的各種道路上行駛了 14 萬英里，並且沒有發生過事故。直到 2016 年初，谷歌無人駕駛在路上行駛了 200 多萬英里後，才終於發生了第一起須負主動責任的交通事故❹。

　　如果時間再進展得快一點，計程車司機這個職業或許就會消失。❺

　　說得更明白點，就是個體賴以生存的一技之長，可能在幾年內被技術完全超越、取代，成千上萬的人將會被機器和人工智慧所取代，尤其是工作相對機械化的職業。

　　事實上，不止是機械化的勞動力，就連需要高智力的職業都可能被部分取代。例如：律師、記者、編輯和某些醫療崗位。

在醫療體系中，涉及影像辨識、醫療診斷和手術的崗位，目前都已經有對應的智慧化機械可以代勞了，而且做得比人類更精細、準確。在美國的律師業中，初階水準的律師已經開始愈來愈難找到工作，因為大部分處理法律文件的工作也可以交由人工智慧代勞了。人工智慧還可以進行寫作，一些媒體公司已經開始使用電腦程式產生財經新聞，只是在發表前還需要人類稍微潤稿而已❻。

上面所說的這些職業無一不是需要一定智力，且需要長期刻意練習後才能做得出色的工作，但它們還是面臨了被人工智慧取代的風險。

當然，還是有些工作較難被人工智慧取代。

科技史作家吳軍博士在他的專欄《矽谷來信》中提到，他曾經和人工智慧領域的泰斗麥可‧喬丹（Micheal Jordan，與籃球明星同名）討論有關話題，後者指出，以三十年為準，人工智慧還無法做到以下這幾件事：

1. 創造性
2. 總結概念發明單字
3. 變通的靈活性
4. 學習完整的知識體系，並且在此基礎上創造新知識

　　這是因為人工智慧雖然可以計算數字、處理數據，但並不能理解這些任務背後的意義、本質。它們能計算出在行駛中何時應該剎車，但它們不明白為什麼要那樣做，也就無法在這個基礎之上產生新的行為。

　　用一個具體例子可以說明上述觀點：假設公路上有兩輛汽車在行走，一輛是「公路行駛效率和安全性」都超過人類的無人駕駛車，幾乎能完美應付絕大多數的路面情況；另一輛則是普通的人類駕駛車，能以不錯的水準應付絕大多數的路面情況。

　　現在，天空中不遠處有一架直升機忽然發生了故障，正從上方墜落撞向這兩輛汽車，你覺得誰能夠成功躲開？

　　答案是人類駕駛。這位人類駕駛雖然也沒有遇過類似的情況，但他還是可以快速判斷出這個情境有危險，需要避開。

　　但對於無人駕駛來說，就算它們能應付絕大多數路面上的交通情況，能透過各類數據分析避開一般車禍，但還是無法從過去車禍的相關數據中認知到「上方有直升機衝著過來」和「有車撞過來」本質上是相同的東西，也因此不會避開。

　　人工智慧還遠不具備「產生洞見」的能力。它或許可以比人類更快計算出亞馬遜森林裡有多少棵樹，但它不會產生從「多棵樹木」到「森林」再到「生態系統」的理解轉換。人工智慧只能在表面層次對數據做出計算與反應。

　　總而言之，**人工智慧無法對事物的本質有所洞見，也無法創造新概念。**

　　這意味著，人工智慧難以取代的職業，通常是需要展現「創造性」的職業。

　　例如，人工智慧可以取代部分醫療診斷和手術崗位，但如果出現新的疾病變種，人工智慧未必能針對變種提出新的醫療方案；人工智慧可以勝任處理法律文件的工作，但人工智慧無法從這些文件裡產生洞見，也無法代替律師對個別案件提出贏得官司的奇策；人工智慧可以產生財經新聞，報告一些財經消息，但人工智慧無法從各類財經消息中，提煉出獨到的財經見解。

　　儘管人工智慧已懂得作曲，但只要人類還能夠創造出比人工智慧更獨特的曲子，那麼還是有得拼的。

　　所有可以展現創造性的工作，被人工智慧取代的風險相對較低，創造性很可能是人與機器比賽的最後一個戰場。

　　我們需要提升創造性。

　　總結以上所述，我們一共提到了三個需要提升的維度：正確性、多樣性和創造性──它們是本章的三個主角。

　　在我看來，在這三個維度上進行拓展，是每個有上進心的人遲早都要做的努力，而這麼做有許多好處。

　　例如：你犯下的錯誤會減少、競爭力會提升，更難被淘汰取代；你更能清晰理解世界、更能好好解決問題，更有可能突破瓶頸；你的成長會再次加速、思考會變得豐富，思想也會變得有深度。

　　這些，是高手與一般人的實力差別，是我們接下來會討論到的東西。

　　接下來，第四章會分成三個部分來說，我們從第一部分開始說起，亦即「正確性」。

4 - 1
正確性 – 過濾機制

與錯誤打交道的正確方法

我們必須懂得如何辨識出錯誤的知識，以避免自己被錯誤的知識誤導。

但是，要識別錯誤並不像聽起來那樣容易，因為人類的認知天生自帶偏見與偏誤。絕大多數人都會因認知偏誤而做出各種錯誤的判斷與理解。舉個例子：

美國一項針對 300 名老人的電話調查中，有 70% 支持總統。

上面這句話對你來說，說明了什麼？

你可能會覺得，這說明了「在美國支持總統的老人比較多」，但事實是，這句話只說明了這特定的 300 名老人中，有 70% 的人支持總統。這 300 名老人無法代表全美國，但你的直覺卻會讓你認為，這 300 名老人足以說明在美國支持總統的老人比較多。

這就是人類的其中一種認知偏誤，稱為「小數法則」（law of small numbers），即你會根據很小的證據來做出判斷，並造成你對知識的真實含義有錯誤理解。

這意味著，知識有時候並沒有錯誤，而是學習知識的人自己誤解了知識！

人類會帶著錯誤的認知來理解這個世界，無論你是否受過高等教育、是否擁有高智商。❼如果我們沒有防範自己犯下這類錯誤的話，所學到的東西就有可能是錯誤的。

這裡再舉一個會影響學習與成長的認知偏誤：

小明在圍棋比賽中使盡了全力，但在過程中犯了一些錯誤，這讓對手有機可乘，結果小明錯失了冠軍。小明非常不甘心，他把錯誤都怪在比賽的環境不妥、怪在教練沒教好他、怪在對手用某種方式騷擾他上。

結果，他因為無法正視自己的錯誤，所以沒能從錯誤的經驗中學習成長。

這種把自身錯誤歸咎於環境、賴給他人的認知偏誤，稱為「自利偏差」（self-serving bias）。這算是非常常見的一種認知偏誤，無須心理學家告訴你這個認知偏誤，你也知道它的存在。

　　值得注意的是，我們一般會以為這種人是因為「愛面子」才將錯誤歸咎於他人與環境；但事實上，小明並非在經過嚴謹理性思考後，為了保全面子才決定將錯誤怪在他人與環境上。他是本能地做出這種反應的，他真心以為自己沒有犯錯，不需要改進。

　　這是認知偏誤的一種特性，它們往往會自然而然地發生，會在你意識不到的情況下發生。

　　這種因自身的認知偏誤而對知識理解錯誤，阻礙了學習與成長的情況，我稱之為「內部錯誤」（自己犯的錯）。還有另一種錯誤並非來自自己，而是來自他人，亦即「外部錯誤」。

　　先看一個外部錯誤的例子：

　　小明走進書局，發現一本標題很吸引人的書，叫做《成功人士如何成功》。小明翻開來閱讀之後，馬上就斷定這本書是本好書，因為裡面具有大量成功人士的案例和故事，而且作者把故事描述得非常詳細。

　　其中一篇關於香港首富小強發跡的故事寫得實在精彩，作者在故事的結尾總結道：「小強的故事告訴我們，堅持是他獲得成功的原因。只有堅持，能帶領我們走向成功。」

　　小明對這個結論非常認同，於是他決定在事業上無論如何都要做到「堅持」。

　　在這裡，小明對此書的理解並沒有錯；但單憑一個故事就斷定「無論如何堅持下去就對了」，這當然是一個錯誤的知識。我們只需要稍微重述一下這個故事就能明白：

　　小強相信堅持，所以堅持了下來，最終獲得了成功。這個故事教會了我們要堅持。

　　但如果更改它的結尾，我們就會得到完全相反的結論：

　　小強相信堅持，所以堅持了下來，最終他失敗了。這個故事教會了我們要懂得放棄。

　　你會發現，這些故事根本說明不了什麼。從中提煉出的結論雖然具有啟發性，甚至在特定情況下是正確的，但如果讀者無法意識到其結論的侷限的話，就會對知識有錯誤的理解，而錯誤的知識會讓你在未來做出錯誤的決策。

　　著名思想家納西姆・塔雷伯（Nassim Taleb）將這種「從單一故事中得出結論」的做法稱為「敘述的謬論」（narrative fallacy）。

　　外部錯誤一般源自於他人，但在更多的時候，外部錯誤會與內部錯誤一同發生。以上面的例子來說，就是作者和讀者都

沒能逃出敘述的謬論。如果讀者或作者其中一人可以辨識到錯誤的話，就不會形成錯誤的理解。

　　除了上述列舉的幾個認知偏誤之外，科學家已經在實驗室裡找到了超過 150 種以上的認知偏誤❽，其中包括過度自信、對隨機事件的過度解釋等等。事實上，儘管一些書籍與網路資訊錯誤百出、明顯違背常識，但還是有人相信和買單，這就是因為人類的各類認知偏誤所致。

　　幸好，這些認知偏誤是可以透過學習來克服的。如果我們學習關於理性的知識，或是關於認知偏誤的知識，就能改善與提升自身的理性，讓我們更能識別日常學習中的各類錯誤，並正確地理解知識。

　　但由於篇幅有限，在這裡無法向你列舉所有被證實存在的認知偏誤，而事實上我們也無須那樣做。

　　認知科學家斯坦諾維奇（Keith E. Stanovich）的主要研究方向之一是人類理性。他認為，要降低認知偏誤對我們產生的不良作用，就得為我們的心智安裝良好的「心智程序」（mindware）——就像是在被汙染的河流上安裝一個過濾器，讓流動的水清潔乾淨❾。

　　我們如果能在知識的河流之上建構一個知識過濾機制，就能提升學習的正確性，並有效減少錯誤知識、理解錯誤。

但是，具體來說，如何建立過濾機制呢？

認知科學家認為，認知偏誤一般會發生在我們的「第一反應」，而不是謹慎的思考上。❿

還記得嗎？前面我們提到，當你看到「美國一項針對 300 名老人的電話調查中，有七成支持總統」這個問題時，你會直覺地認為「在美國支持總統的老人比較多」。

但只要再多花一些時間思考，你就能明白，這知識只說明了這特定的 300 名老人中，有 70% 的人支持總統，這 300 名老人其實無法代表全美國。

你不是無法理解上面這個事實，你只是被自己的第一反應給誤導了，你的第一反應會急於下結論。但你知道，只要多花時間再思考一下，你就能得出正確的結論。

說白了，破解認知偏誤的方式之一，就是在第一反應之外多加一層思考——在第一層反應後，進行第二層思考。

敘述謬論也可以用相同的方式破解。當你讀著某個故事時，你會因為故事的精彩而投入其中，並產生「認同作者」的第一層反應：

小強相信堅持，所以堅持了下來，最終獲得了成功。這個故事教會了我們要堅持。

這時如果你再進行第二層思考，你就得以跳出認同的反應：

小強相信堅持，所以堅持了下來，最終他失敗了。這個故事教會了我們要懂得放棄。

這意味著，我們的過濾機制，要安裝在第二層思考上。你無可避免會對事物產生本能的第一反應。但重要的是：你要在第一層反應之後進行第二層思考，並從思考中找出事物的錯誤，完成過濾。打個比方：

第二層思考，就像是對新鮮的食材進行加工處理，將不能吃的部分去除，能吃的部分洗乾淨。

但你可能還是有很多疑問：我們要如何進行這第二層思考呢？我們該用何種方式進行第二層思考呢？

在我看來，我們只要學習五種思考方式，並在第一反應之外，多用這五種思考方式來思考，就足以應對大部分日常會出現的錯誤。

你會在看完以下這五種思考方式後，對第二層思考有更深刻的理解：

1. 自我反省

　　社會心理學家認為，一般內部錯誤之所以難以被修正，往往不是因為個體無法理解出錯誤在哪裡，而是因為個體不願意找出自己的錯誤、不願意承認自己的無知，也不願意承認自己的所知可能是錯誤的。當犯下錯誤時，個體通常不會立刻將錯誤改正過來，其第一反應會是對錯誤加以掩飾，將自己的犯錯正當化、合理化。⓫

　　你可能覺得自己不會那樣，因為你是個勇於認錯的人，也是個公正的人。我也自認為是個勇於認錯的人，如果自身有什麼錯誤的話，我一定會立刻發現然後改善。

　　但正是當我們有這種想法時，內部錯誤就會悄悄發生。當我們以為自己不會犯錯時，我們就會停止質疑、停止找錯，也停止自我反省。

　　當我們放下提防錯誤的意識時，錯誤會悄然發生。

　　著名的社會心理學家艾略特・阿倫森（Elliot Aronson）認為：「大部分人認為自己認可『從錯誤中吸取教訓』這句話，但從內心深處看，他們片刻也不會相信這一點。實際上他們會認為，犯錯便意味著愚蠢。」⓬

　　人們鮮少進行自我反省，一般而言，人們不願意承認自己有錯誤，除非遭遇重大的失敗（例如：被解僱、創業失敗），

才會猛然發現自身的錯誤，接著才會開始自我反省、痛定思痛。但我們沒必要等到遭遇失敗後才開始更正自己的錯誤。

　　無論何時，你都可以重新反省自己過去的工作、事業、行為，反思自己所知道的知識，向自己提問：「我做得如何？是否有哪裡做得不夠好？我要如何改正過來？」

　　而事實是，你往往會在這樣的思考中找到自己的不足，以及自己可以改進的地方。

　　一項研究顯示，相對於沒被安排做自我評估練習的醫學生，被安排對自身表現進行經常性自我評估、反省的醫學生，表現進步得更快，導師對他們的表現評價也較高❸。

　　你可以在紙上寫下你對這個問題的思考，盡可能多寫、常寫——甚至將自我反省當作是日常的修煉，當作是一種習慣，一種日記。我將這種習慣性自我反省，當作是一種對自身認知的「日常打掃」——不斷地重構、洗滌、填補知識網，維護知識網的素質。

　　我們都知道，一個地方久不經常打掃就會變骯髒；但我們鮮少意識到，如果不經常「打掃整理」自己的認知，久了之後也會變得「骯髒」、充滿錯誤。

　　另外，當失敗或失誤發生時，你的第一反應可能會注意別人出了什麼錯、環境出了什麼錯；但你也該知道自己應該多加一層思考，亦即思考自己如何能做到更好。

　　但這不是一件容易的事情，當你發現自己必須對失敗負上一定的責任時，你的第一反應可能會吶喊：「那有什麼大不了，隔壁的小張比我錯得更離譜！」你或許是對的，小張的確比你不行，而這麼想也的確能讓你的心裡好過一些；但記住：那並不會讓你成長。

　　事實上，對一個理性的人來說，發現自己能改進的地方和錯誤是一件好事。因為早一點犯錯、早一點看到自己的弱點，你才能早一點改進自己，讓更好的自己去應對未來。這對「人生」這種長期博弈來說，非常有益。

　　當然，自我反省的重要性是顯而易見，也很容易理解的，但同時也是很容易被遺忘的。理解自我反省並不難，難就難在日常中不忘自我反省，不被第一反應所控制。

　　我們需要在第一層反應之外，進行第二層思考：「我做得如何？是否有哪裡做得不夠好？我要如何改正過來？」

　　另外還要注意：過度的自我反省可能會導致自責。將事情的失敗都歸結於自己的過錯，或許會讓個體的自信消失，產生自卑感。

　　這就有點為難人了，要持續的自我反省本就不容易，太多的自省還會導致自卑。怎麼辦呢？

　　我們可以試著更有技術地自省，一共有三招：

第一，有時我們的自我要求會太苛刻、太過分，而長期苛刻的自我反省會對心理帶來太大的負擔，有可能會造成積極動力的漸失。

有個更好的方法是：在自我反省的過程中，假想自身的錯誤是發生在一位好友身上——**當他犯下這個錯誤時，身為好友的你會給予他何種關懷？你會給他何種建議？**

這種思考方式借用自心理學家克莉絲汀·內夫（Kirstin Neff）提出的「自我關懷」（self-compassion）練習，能讓個體針對自身錯誤先給出心理上的關懷、體諒，然後再給出更合理的建議，達到健康的自我反省。❶

第二，人其實很難從自身的錯誤與失敗中學習，但卻擅於從他人的錯誤中學習——這個前提我曾於 4THINK 部落格中〈怎樣的「失敗」才是成功之母？〉這篇文章裡詳細論證過，篇幅較長，這裡就不複述了。

這裡只說重點，亦即從他人的錯誤中學習能達到比自我反省更好的效果，因為這能讓個體得以繞開面對「自己犯了錯」所帶來的心理負擔，從而坦誠客觀地面對問題、解決問題，達到成長。

簡而言之，第二個方法就是：**尋求人們的失敗經歷，觀察歷史人物的失敗記載，探索偉人們鮮少人提的犯錯經驗。**

第三個方法是我自己發明的自我反省方法：

將你的犯錯經歷寫成小故事，並設法給予故事主人翁一個合理的、美好的結尾。

這和第一個方法有異曲同工之妙，你得以抽身成為旁觀者的角色檢視自己，並能以「上帝的視角」檢視自己的行為，制定出更好的方法幫助自己應對錯誤；而且還能將故事說給下一代、教育下一代。

要注意的是，不是所有的自我反省都一定要用到以上三種方法，當你遇到那些讓你在反省過程中感到不適、模糊、焦慮的問題時（如，重大的失敗打擊），或是明確感受到一般的自我反省會讓你感到壓力太大時，再用上即可。

2. 激進的事實

世界最大的對沖基金，橋水聯合基金的創始人雷‧達里奧（Ray Dalio）在 2017 年出版了一本書，叫做《原則》（Principles）。這本書甫出版就大受好評，獲得了不少人的熱烈追捧，也受到了比爾‧蓋茨（Bill Gates）和東尼‧羅賓（Tony Robbins）等名人的推薦。

書裡提到的一個核心思想和這裡要說的內容很接近，達里奧在書中說道：

在我所認識的傑出人物之中，沒有誰是天生就傑出的——他們每個人都曾犯過許多錯誤，而且也有許多弱點。他們傑出的原因，不是因為他們不犯錯或沒有弱點，而是因為他們想辦法面對自身的錯誤與弱點。

我意識到那些選擇面對事實，尤其是殘酷的事實的人，會學習得更多，而且會更快的獲得他們想獲得的東西。擁抱事實，尤其是有關我的錯誤與弱點的事實，能讓我得以在我所期望的方向獲得急速的進步。

接著，達里奧又覺得「擁抱事實」還不夠，他認為我們應該「激進地面對事實」（radical truth）。簡單來說，就是主動地、不顧一切地追求事實真相。

例如，如果真實世界裡的事實和你的主觀見解不同，那麼你應該修正你的主觀見解，而不是批評真實世界錯了。如果你不知道自己的主觀判斷是否有誤，那麼你應該花時間去尋求真實世界的事實，讓事實來指導你是否有誤。同理，如果事實告訴你你做對了，那麼你就是做對了，不用妄自菲薄。

你的主觀判斷並不重要，重要的是事實本身。

同理，如果你學到的理論、知識和真實世界所發生的事實有所出入，那麼最可能的是你的理論、知識出錯了，而不是真實世界出錯了。例如，你根據某個理論投資了一堆股票，最後

發現結果不如預期，那必然是你的理論錯了、理解錯了、判斷錯了或看走眼了，而不可能是真實世界錯了，儘管你的第一反應可能是尋求藉口。

意識到這一點對學習來說非常重要，畢竟所有的學習都是為了預測、了解真實世界。如果一個人不願意在真實世界賞他一巴掌時醒過來，不願意根據事實修正自己的認知，那麼他此後必定還會再次碰壁。

每個人的頭腦都有一個「信念的世界」。同時，頭腦中還有另一個「真實的世界」。

在「信念的世界」裡，所有的事物都遵守你的信念來運作。如果你相信你某個決定是正確的，那麼在這個世界裡就會出現所有「為什麼你的決定是對」的解釋。你的決定所產生的結果將會符合你的預期，世界會朝向你的預期而改變。在這個世界裡，你相信什麼，什麼就是正確的，無論樂觀還是悲觀。

而在「真實的世界」裡，世界不會因為你的信念而改變，它只會對你的行為做出反應和回饋。這些反應是真實世界在向你發送的訊息，告訴你怎樣的行為有效、怎樣的行為無效；什麼是正確的，什麼是錯誤的。

這時，如果你能根據真實世界的反應去更改你的信念和行動，並更改正確的話，真實世界就會給予你獎勵，讓你獲得一些滿意的結果；如果更改錯誤的話，真實世界就會給予你懲罰，

讓你得到一個你不滿意的結果。

　　我們總是會根據「信念世界」快速做出第一反應，根據自己的信念扭曲事實；只有冷靜下來，並進行下一步的嚴謹思考，才會讓你想到「真實世界」。

　　而當你察覺自己的第一反應在大喊「真實世界很殘酷」時，你要意識真實世界沒有要對誰殘酷，是你的「信念世界」太夢幻了。

　　真實世界永遠是最好的老師，比任何人更好、更誠實的老師。

　　事實上，所有創造知識的人，都只是在向真實世界這位老師取經。

　　你必須在第一層反應之外進行第二層思考：「真正的事實是什麼？我要如何才能確認什麼是事實？」

3. 扮演聰明人

　　總的來說，人類是過度自信且過度樂觀的，心理學家對此早已有定論。這意味著，我們常會自以為掌握了正確的知識，也常以為自己知道的已經足夠多，就算事實未必如此。

　　但人類只是在直覺及第一反應上會過度自信，我們並不會真以為自己是世上最聰明的人。稍微反思一下，我們就能意識

到肯定有其他人更加聰明，也能明白「一山還有一山高」這個道理。

換言之，過度自信只出現在你憑直覺思考的情況下。反之，如果我們嘗試刻意思考「比我更聰明的人會怎麼想？」這個問題，如果我們嘗試去扮演，以這些人的眼睛看待問題（無論這個人是你的朋友、導師、偶像，還是某個知名人物），就能夠意識到，這些比我們聰明的人或許會給出與我們不同的意見。

這是一個很好的徵兆，因為這通常意味著我們找到了「反對的聲音」。這有助我們更正確地評估自己所掌握的資訊，我們會意識到自己的信念、思考可能還欠缺一些東西。

我們可以透過思考「比我更聰明的人會怎麼想？」，來嘗試扮演這些比我們聰明的人，並順著想到的思路改進自己的想法。這會幫助我們更充分理解知識，用不同的角度來理解這個世界。

有研究表明，讓學生對須學習的資料進行角色扮演，能幫助他們用不同的角度來理解知識（扮演相應領域的職業角色，如：扮演科學家），還能提升他們的自信心❶。這或許是因為角色扮演讓學生得以用角色的第一視角來思考問題，也可能是因為角色扮演能讓學生更投入學習，又或許是兩者都有。

還有另一項研究的結果更有趣：

艾普‧狄克思特修斯（Ap Dijksterhuis）和丹恩‧范尼本柏格（Daan van Knippenberg）兩位荷蘭研究人員，對兩組受試者進行了測試。他們讓一組人想像自己是個教授，另一組人想像自己是個足球流氓，並給出一些常識性的問題，結果兩組的答案出現了差異。「教授組」答對的概率為 55.6%，「足球流氓組」的平均答對率為 42.6%。

「教授組」的人並非都是比較聰明的人，作答時也沒有比較專心，兩組人回答的是同一套問題，唯一的差別在於一組從一開始就把自己想像成教授。只是簡單地將自己想像成聰明人，就幫助他們提高了 13% 的答對率。❶

人類與其他動物不同的其中一點，就是我們具有「共感能力」（empathy）。我們的心智可以體會他人的感受，一定程度地猜出他人的想法，我們可以從他人的觀點出發思考。

因此當我們把這個功能用在學習時，就能在第一層反應之外，進行第二層思考：「比我更聰明的人會怎麼想？」

當我們思考這個問題時，就得以突破自身的盲點，更能充分思考與理解知識，提升正確性。

你能在腦中讓一個局外人，點破你的當局者迷。

不過，那些比我們更聰明的人也可能會犯錯，我們該如何辨識出他們的錯誤？

4. 合理的證據評估

要讓人接受合理的證據，那其實挺違反人性的。

因為合理的證據大都是由嚴謹的統計、蒼白的數字、冷冰冰的圖表和晦澀的文字所組成，是由一群經歷過科學或哲學思維訓練的人所提出。

要閱讀並理解這些人提出的證據，對許多人來說都是一件不好受的事情，如同叫一個人用雙手走路一樣——雖然可行，但需要經過後天訓練才能辦到。

而合乎人性的證據則往往是不合理，或是不夠合理的。

我曾多次向我母親解說，坊間那些索求高價的養生祕方多半是自欺欺人的，並沒有充分的證據顯示它們有效。但我母親並不理解「沒有充分的證據」這段話的含義，她拿出養生祕方的產品傳單，讓我看看傳單上那些成功案例，她告訴我這些就是活生生的證據。她還告訴我，其中一個成功案例是她認識的朋友，她親眼見證了這位朋友的驚人轉變，因此這些成功案例不假。

身邊有個活生生的成功案例，這對絕大多數人來說，都是最生動、有力且符合人性的證據，這是眼見為憑的證據。

面對這樣的情況，你會用何種方式說服對方呢？

我沒有搬出圖表和數據，而是告訴了母親一個故事：

有一位長期抽菸者，他身邊的人都勸他戒菸，但他就是不願意戒菸。當別人告訴他，長期抽菸會導致肺癌時，他會反駁說：「我認識一位抽菸 40 年的人，抽菸的量和時間都比我還多。去年他安詳地去世了，死前也沒有檢測出什麼肺癌。」

直到三年後，這位長期抽菸者被檢測出了肺癌，他才意識到所謂的成功案例指的是個別的、獨立的結果，而不是人人都能獲得的結果；少量的成功案例並不是「充分的證據」。

她聽了故事後才明白了我想說的是什麼，這故事背後的含義成功說服了她。

證據也有充分與不充分之分。在學習之旅中要懂得合理地評估證據，要給予不同的證據不同的價值權衡。

許多人會因為聽了某個故事而相信某個錯誤的結論，有些人甚至會自己從故事中「領悟」出錯誤的結論。前面提到過，這種謬誤被稱為「敘述的謬論」。

你必須意識到，單純以故事或個別案例做為證據的結論，那並不充分。故事無論再生動，那終究是個故事，只能說明某時某刻發生了某事（甚至不曾發生），不多不少，僅此而已。

當然，不只有我清楚說故事是很有效的說服方式，**市面上那些成功的產品、書籍、品牌、政治人物背後的操刀手，他們**

也同樣知道說故事的威力，也都準備好了各種各樣的故事去說服你、影響你。

不過，我相信現在的你已經會提防過濾了，只要謹記故事和案例可以是證據參考，但並不是充分證據就行。

這世界上充斥著各種各樣的故事，它們能帶來豐富的啟發，甚至能讓你對深奧的智慧有更好的理解。但若你錯誤評估故事的價值，它就會讓你在不經意中秉持錯誤的結論。

在第一層反應之外，進行第二層思考：「這個故事想告訴我什麼結論？這個結論還有其他更好的證據支持嗎？」

5. 提防不可否證的知識

有統計顯示，受大眾歡迎的心理學家西格蒙德・佛洛伊德（Sigmund Freud）所創建的精神分析學，其地位在心理學家的心目中非常低——在學界，認同精神分析學的心理學家不到10%。**❶⑦**

為什麼大眾所津津樂道的精神分析學，會不被主流心理學家所認同呢？

科學界辨認偽科學的主流法則，就是看理論是否具「可否證性」（falsifiability），而精神分析學的大部分內容都是「不可否證」的。

那到底什麼是可否證呢？

舉個例子，精神分析學裡有一個叫「肛門期」的理論，在維基百科的描述是這樣的：

嬰兒到了約 18 至 36 個月大的時候，感受到刺激肛門時帶來的新奇感覺。在這時期會發現自己會產生糞便，而很興奮，這時就是家長教小孩到馬桶上廁所的時候。

如果小孩在肛門期得不到滿足，便很容易在長大後出現肛門性格，如吝嗇、頑固、倔強，以及很容易會有潔癖。

這個理論實在疑點重重。首先，我們該怎麼判斷嬰兒是否得到了肛門的滿足呢？詢問嬰兒的感受嗎？應該不是，嬰兒無法理解你的問題。佛洛伊德應該是透過自身的觀察與判斷，來斷定某嬰兒的肛門期沒得到滿足。

那麼這嬰兒長大後就會有很大機率變得吝嗇、頑固、倔強和潔癖嗎？還是有其他因素在作用呢？佛洛伊德沒去追蹤驗證這些說法，也沒有設計對照組來驗證這些結論的真實性。

但佛洛伊德就是知道，如果你長大後出現吝嗇、頑固、倔強和潔癖的話，那麼你以前一定是肛門期沒得到滿足。這時如果你否認，說這個理論不可信，那佛洛伊德可能就會反問道：「你以前只是嬰兒，你不知道自己的肛門期是否得到滿足，但

當時的經歷已經深埋在你的潛意識裡面了。你現在表現出來的頑固、倔強，就是肛門期沒有得到滿足的最好體現。」

你會發現，這聽起來似乎邏輯無誤，還滿有說服力的，你的第一反應甚至會覺得這些話可信。不過，你也知道肛門期理論毫無憑證；但儘管如此，你也一樣無法證明該理論是錯誤的。這就是不可否證的意思。

相反，可否證的知識是這樣的：

「天下烏鴉一般黑」這個知識就是可以被否證的。只要你找到有其他顏色的烏鴉當作反例，你就能證明該知識是錯誤的。你可以根據證據修正你的理論，說 99% 的烏鴉都是黑色的，然後迭代發展。

但如果我提出理論說，「所有烏鴉都是白色的，你看見烏鴉是白色的話就對了；但如果你看見烏鴉是黑色的，那證明是你的內心黑暗所導致」。這個理論就是不可否證，是無從驗證且無從觀測的，而且聽起來還挺邏輯一致。

你知道我明顯是在胡說八道，但你無法證明我是錯的。

另外，不可否證的知識會帶來實際危害：

在 20 世紀裡，當精神分析學佔據主導位置時，自閉症的起因被認定是「父母的內心不希望孩子存在所導致」。該理論是錯誤的，現代認為其原因與基因有關。

但該理論在當時流傳甚廣，一些真心疼愛自閉症孩子的父母，也被貼上「不希望孩子存在」的標籤；這對家庭造成了極大的傷害，而且對孩子也於事無補。

由於當時精神分析學的影響力巨大，許多當時的心理學家都以為該觀點無誤，大家都以為自閉症的起因有了定論，因此也沒有人投入研究自閉症的真實起因，讓自閉症的相關研究停滯了數十年之久。心理學家開始摒棄精神分析學之後，對自閉症的研究才有了進一步的進展。⓲

事實上，人的第一反應很容易誤信不可否證的理論。因為你很難反駁這些理論，而當你察覺自己難以反駁時，你的第一反應就會選擇相信。

而當你誤信了不可否證的理論，它就會阻礙你對事實的理解，阻礙你的思考與進步。

這裡順帶一提，星座、玄學、吸引力法則之類的，都是屬於不可否證的知識。做為茶餘飯後的話題無妨，但如果拿來當作推導與思考的理據，就可能有害。

明白何謂可否證後，我們應該有意識地提防不可否證的知識。**但切記，我們要做到的是「提防」，而不是「杜絕」。**

因為並不是所有有價值的知識都是可否證的。例如，愛因斯坦說他多次透過想像物理畫面而獲得靈感。他說的是事實

嗎？我們的確無從驗證，但這個知識點的確有它的價值。

　　另外，佛洛伊德的精神分析學雖然有許多毛病，但他提出的潛意識理論卻開啟了正確的心理學研究方向。在無法使用腦部顯影技術觀察潛意識活動的那個年代，潛意識理論無疑也是不可否證，但近代科學家透過新技術確實證明了潛意識的存在（只是其定義有所不同）。

　　換言之，有些知識之所以不可否證，是因為暫時還沒有可以否證的手段，或者個體不知道否證的手段而已。

　　總之，我們可以在第一層反應之外，進行第二層思考：「這論點是否可否證？」

　　這能讓我們提防不可否證的知識，對其保持一定的懷疑，但我們無需採取拒之門外的態度。

　　畢竟還有很多時候，知識是建立在想像力之上，由過去的經驗總結而來的，而這些都較難否證。

6. 想一下事物對立面

　　在日常學習中（閱讀書籍、上課）最常出現的錯誤是什麼呢？

　　我認為是作者無意中犯的「確認偏誤」（confirmation bias）。

　　簡單來說，「確認偏誤」就是選擇性使用對自己有利的證據來證明自己的論點是對的，對反方的論點視而不見。當一個作者陷入了確認偏誤後，他會列舉各類證據來證明自己的觀點，但對反方的觀點絕口不提。這會讓讀者誤以為作者所說的觀點是「完美無瑕」，沒有副作用的。

　　例如，速讀的書籍會告訴你，速讀法可以如何加快你的閱讀速度，然後告訴你許多使用速讀法獲得成功的案例和證據。在閱讀的過程中，你會慢慢被各種案例及誘因所說服。你的第一反應總是急於認同，因此你會跟隨著作者的思路掉進確認偏誤這個陷阱裡。

　　但作者並不會告訴你，使用速讀法後閱讀理解能力會倒退的例子；作者也不會告訴你，在你強迫自己習慣性快速掃讀文字後，你將無法再細細品味書本的內容，深思熟慮。你將喪失一定的閱讀樂趣，尤其是文學類書籍。作者也不會告訴你，速讀是透過犧牲準確度來換取速度，其導致的常見結果之一就是理解錯誤，或理解得不夠深，甚至是無法產生理解。

　　多數作者都只希望讀者知道「我的方法多麼厲害」，但不會討論其方法的缺點，有時他們是真不知道，有時他們是有意為之。

　　當然，也有很多時候不是作者逼不得已。作者可能也考慮到了反方的觀點，但一本書的篇幅有限，讀者的耐性也有限；

因此有些書籍為了節省篇幅、增添可讀性，都會選擇性地闡述一個觀點，而較少提到反方的觀點（但也不會絕口不提），這是較常見的情況。

這意味著，出於各方考量，作者很可能不會自己說出對立意見。因此找出反方觀點這個重任，通常都會落在讀者身上。

那怎麼辦呢？

有個簡單的方法是問自己：

「對立面是什麼？」

有關理性的研究顯示，簡單地讓受試者練習「想一下事物對立面」的思維，就能提高受試者給出理性、正確答案的可能性，幫助受試者避免陷入一系列認知偏誤，包括但不限於確認偏誤、錨定效應、過度自信、後見之明偏誤。❶

例如，你在閱讀了關於速讀的方法後，你可以思考速讀法的對立面，慢讀有什麼好處？

當你這樣思考時，你會輕易地發現：慢讀的好處就是更能理解內容的意思，更能好好地品味書本的內容、樂趣，也能有更多的時間在閱讀中進行思考。

又例如，當每個人都說碎片化學習不好時，你可以思考一下，碎片化學習有什麼好處？至少，它可以有效利用零碎時間學習。

其實，人們早就普遍意識到事物都有好壞兩面，你不需要別人告訴你這一點。

關鍵的問題是：人們在絕大多數時候，都會因為過度依賴第一反應而忘記這件事——我們得同時理解事物的兩面才能看清事實。

因此，我們還是需要在第一層反應之外，進行第二層思考：

「對立面是什麼？」

我在某次觀察朋友玩桌球時，發現了一個有趣的現象。在桌球的規則裡，進球會加分，但犯錯是要扣分的。而當我的朋友對打時，比賽結果往往不是進球最多的人勝出，而是最少犯錯的人勝出。

朋友 A 雖然進了比較多球，但犯錯次數也多，因此分數總是無法提高；朋友 B 雖然進球不比前者多，但因為他犯錯的次數很少，結果分數還是勝過前者。

我們的生活也是如此。許多人不乏才華，但輸在決策錯誤，輸在不願意承認錯誤，或是輸在無法分辨錯誤。現在，你知道了：

他們是輸在沒能夠在第一反應之外，多加一層思考。

這樣看來，用上述的五種思考方式來建構一個過濾機制，除了能減少錯誤，還能保護你的才華，避免你的才華被錯誤給

糟蹋了。過濾機制就是在第一反應之後，透過一層層思考與反思過濾資訊。

此外，上述五種思考方式，是我認為重要並推薦給你的思考方式，但它們並不是全部。你將來如果想在過濾機制內添加其他思考方式，也是可以的。例如：機率論、貝式思維（Bayesian Thinking）。

過濾機制的操作方式也很簡單，就是在第一層反應之外，進行第二層思考。

正確性＝第二層思考（過濾機制）

但上面所介紹的都只是基礎，能幫助你辨識日常的大部分錯誤，帶來一定程度的正確性，但我們還不夠深入。

事實上，要把正確性拓展到極致，單單建構一個過濾機制是不夠的——這倒不是說過濾機制沒用，建構過濾機制是必要的，但如果要為它升級的話，就得借助其他力量。

具體來說，我們需要透過本章的第二個主角來做到這一點，亦即：多樣性。

4 - 2
多樣性 – 跨領域學習

通才為什麼比專才值錢？

要拓展知識的多樣性，我們就得進行跨領域學習。我們必須跳出舒適圈，挑戰那些自己一竅不通的領域，追求成為「通才」，而不只是「專才」。

但是，成為通才之路是困難的。想成為專才的人只需全心全意地專攻一個領域，通才則要把時間和精力分散到兩個或以上的領域，這當然會造成單一領域的進度不比專才來得快、來得深入。因此，若要比較單一領域的成長速度，那通才更可能位居下風。

但這只是在短期之內的情況。如果將時間拉長來看的話，我們會發現通才不但在各個領域的實力都會比專才強，而且還會超越專才自身所在的領域。

這背後的道理很簡單。心理學家有一個理論可以描述人類學習的進度，叫做「學習曲線」（learning curve）。簡單來說，就是每個人在學習一個領域的知識時，剛開始的進步都會非常緩慢；但當你堅持下來並掌握基礎知識後，你的成長速度會加

速，進入一段高速成長期。接著，你的成長速度會漸漸趨緩，最後進入成長緩慢，甚至停滯的瓶頸期（見圖 4-1）。

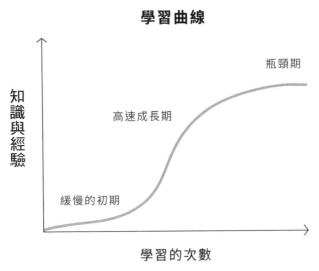

圖 4-1 心理學的學習曲線。

　　以最常見的學習駕駛為例，一剛開始學習駕駛時，進步總是緩慢的。但在你掌握了一定的駕駛技巧之後，你會發現自己的駕駛技術愈來愈得心應手。最後，你會感覺到自己不再進步了。

　　「學習曲線」原理可說是放諸四海皆準。無論你學習的是內隱還是外顯知識，無論是哪一個領域的知識，都會遇上同一個曲線。

專才當然也逃不過這個學習曲線。無論專才多麼專注於一個領域的精進，都必然會遇到瓶頸期。這時候要再進一步提升自己會變得非常艱難。那麼通才呢？

無論是綜合能力還是單一領域的能力，通才都會超越專才。我們來做個思想實驗就能夠理解這一點：

小明認為，人必須用一輩子的時間專注在一個領域，才能成為當中的佼佼者。而小強則認為，同時學習兩個或以上的領域，會讓一個人更出色。

因此，小明會把所有時間都專注於領域 A 的學習上，以期望完全掌握領域裡的知識，而小強則把時間分別花在領域 A 及領域 B 這兩個領域上。

剛開始，小明因為只須專注於領域 A 的學習，因此前幾年的成長都遙遙領先，並在一段時間後達到了 80，但之後他會無可避免地慢下來。

現在我們來看看小強的情況。剛開始，小強因為要兼顧領域 A 和領域 B，所以在單一領域的進度緩慢，但隨著時間往後推移你就會發現：小強的高速成長期更快、更持久，且在某個時間點，他從兩個領域裡獲得的知識總量將超越小明（見圖 4-2）。

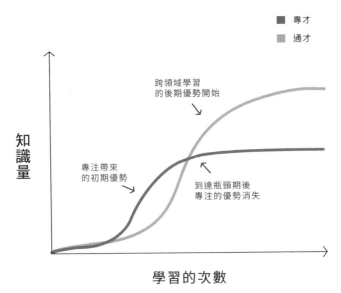

圖 4-2　專才與通才的學習曲線比較。

　　當然，小強也會無可避免地迎來他的瓶頸期。假設在時間到達 X 時，小強在領域 A 和 B 的知識量各獲得 80，而小明在領域 A 已經達到了 95，這樣看來小明還是可以在領域 A 比小強高一截。

　　但事實則不然，因為知識是可以遷移的。小強從領域 B 裡學習到的知識，其中有一小部分能遷移到領域 A 裡應用。這時小強在領域 A 的知識量就會超越 80，到達 90、105，甚至到達 120。

結果是，小強在領域 A 依然比小明更強（見圖 4-3）。

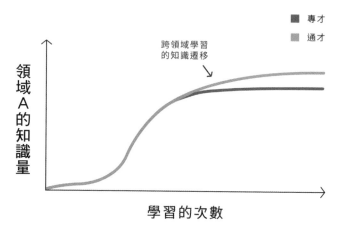

圖 4-3　通才在領域 A 的知識量，依然比專才大。

　　這最後的結論有點反直覺，但你會在後面的內容裡明白為什麼這個結論是成立的。我們先說說知識是如何遷移的：

　　若以學醫為例，只專注於內科的醫生能進行內科診斷，然後針對病人的病情對症下藥；同時懂得醫學和心理學的醫生不但可以對症下藥，還能透過一些心理學手段鼓勵病人，幫助病人更快自我痊癒、減低對藥物的依賴。有些醫師甚至認為，心理學的介入是現代醫療流程尚缺失的一塊[20]。

　　懂得醫學、心理學、經濟學和管理的醫生，不但能救治病人，還能與其他醫生進行良好溝通、學術交流；而且還更有可能當好一位院長，管理醫生與護士，甚至促進醫療改革。

　　兼涉醫學與科技領域的醫生，則可能為醫學領域引入新科技、新技術，提高治癒率或醫療效率，以更良好或更便捷的方法治療更多的病人。

　　從結果看來，**雖然「專才」醫生在某個具體技術能力會更高，但「通才」醫生在醫療領域裡發揮的影響力會更大，能為病人帶來更好的醫療。**

　　但跨領域學習的好處不止於此，跨領域學習還能幫助你突破瓶頸期。如果你的學習成長速度趨緩，甚至停滯，那麼你應該放下執著，嘗試將注意力放在學習其他領域，這樣將讓你的能力更上一層樓：

　　InnoCentive 是一家群眾外包（crowdsourcing）公司，該公司的商業模式就是將大公司、商業研發實驗室、醫學研究等機構遇到的各類難題公布在網路上，然後提供獎金（通常在 1 萬到 4 萬美元間）來獎勵任何提出成功解決方案的人。

　　這些大機構都無法解決的問題，並不是什麼普通的科學難題，而是「難度係數極高的難題」；但由於獎金豐厚，吸引了許多人前來參與，因此網站裡還是有 85% 的問題得到了解決。

哈佛商學院的研究人員卡里姆・拉哈尼（Karim Lakhani）好奇是什麼樣的人解決了這些難度係數極高的難題，於是他分析了 InnoCentive 的網站數據，最後得出結論——成功的解決方案與「領域差距」存在正相關關係，亦即愈是外行的人，愈有可能提出成功的解決方案。

其中有一個特別鮮明的例子：某個大學一年級的電子工程系學生，為一個化學問題提出了成功的解決方案，而該問題曾被成千上萬名化學家遇到過。❷

拉哈尼認為，之所以會出現這種「愈是外行的人，愈有可能解決內行問題」的現象，其主要原因在於：**內行人都有著共同的盲點，而外行人則更可能用新的角度來突破盲點。**

若用本書第二章的道理來解釋，就是通才的相鄰可能範圍更大，擁有更多把鑰匙組合，打開鎖著的門的可能性也就更大。

還是那句老話：通才往往更擅於解決問題。這不是因為通才的智商比較高，而是因為通才往往能夠用不同的角度和眼光來思考問題，為領域帶來新的見解。

換句話說，通才的「工具箱」裡總會有多種不同功能的工具，能搭配運用來解決各類問題；而專才的「工具箱」裡通常只有一個種類的工具，解決問題的能力自然有限。

還有另一項研究也顯示了類似的結論。研究人員將 1901 年

到 2005 年的諾貝爾獎得主與同一時期的普通科學家進行比較，合理的預測應該是諾貝爾獎得主會將更多的時間用來精進專業，因此較少參與業餘活動。

但結果卻得出了相反的結論——諾貝爾獎得主的興趣更加廣泛，他們參與更多藝術活動（比一般科學家多出 2 倍到 22 倍），例如：音樂、美術、手工藝、演藝等等。這似乎暗示著藝術活動增進了科學成就的可能性。

因此，通才不單只會在各個領域勝過專才，還能夠在專才的專業領域裡超越專才，這樣說並不過分。這個結論也與我們本章開頭提到的研究結論（通才比專才更值錢、收入更高）相符合。

大多數人都以為要專注成為專才，才是最好的學習策略。殊不知這個策略，是大多數人之所以平庸的原因。

不過，你可能也有想到，同時兼顧一個以上領域的學習是非常困難的。你需要比一般人更努力，也需要付出更多的時間才有收穫。這不單只會讓人望之卻步，而且實踐難度高，不太實際。

因此要成為通才，一個比較可能實踐的策略是——先專注在一個領域裡成為專才，培養一技之長，然後再有策略地拓展自己的知識邊疆。

換句話說，就是你應該先經歷本書前面的三個階段（記、

懂、網），在某個領域達到專業的水準後，再開始透過跨領域學習拓展知識的多樣性，而不是一開始就將努力分散到各個不同的領域上。先培養至少一個專業基礎，然後在這個基礎之上進行拓展。

如果用學習曲線來表示的話，這個策略大概會長這個樣子：

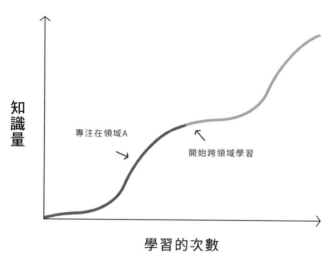

圖 4-4　先專注在一個領域，在進入瓶頸期後開始跨領域學習。

這樣做的好處有三：

第一，先成為專才能讓你更快找到一份工作來維持生活，解決眼前的生計問題。

　　第二，這個策略更符合職涯發展藍圖。你先掌握好一門專業，在一家公司工作一段時間；在專業能力到達瓶頸期後，再根據當時的需求來跨領域學習其他知識，從而進一步提高自己的綜合能力，以獲得升遷。

　　最後，就算以效率計算來說，也是先專注在一個領域會更好。當你在一個領域裡成為專才後，學習第二個領域的速度會得到提升，你會發現自己更容易掌握第二個領域的知識。

　　這種現象稱為「學習遷移」（transfer of learning），並分成「近遷移」和「遠遷移」兩種。「近遷移」常見於我們的日常生活之中。例如，相對於不懂得騎自行車的人來說，懂得騎自行車的人在學習騎機車時會更快上手。儘管機車有著明顯的不同之處，但從騎自行車學來的平衡感卻能自然地應用在騎機車上。

　　其他近遷移的例子還有：懂得游泳的人能更快學會潛水；懂得做中國菜的人能更快學會做印度菜。

　　「遠遷移」則是在兩個看起來不相關的領域完成遷移，我們前面談到的 InnoCentive 的例子，就屬於遠遷移。

　　現在，我們討論了為什麼應該跨領域學習，也討論了跨領域學習的基本好處。注意我的用詞，我們只談了「基本好處」。

　　那麼，除了基本的好處之外，跨領域學習還有什麼其他好處呢？它的具體作用又是什麼呢？

蒙格的多元思維模型

著名投資人查理‧蒙格（Charlie Munger）是股神巴菲特（Warren Buffet）的盟友、背後的男人，多年來都低調地與巴菲特合作，參與決策。

直至近年，蒙格的著作《窮查理的普通常識》開始受到各類媒體、知識分子追捧，大眾才開始認識這一號人物，也才開始學習蒙格的思想。

而在蒙格的思想中，跨領域學習是一大關鍵。他曾在著作裡提到：

顯而易見，如果巴菲特從哥倫比亞大學商學院畢業之後沒有吸取新的知識，伯克希爾（巴菲特和蒙格創立的企業，全球市值前十名）將不可能取得現在的成就。沃倫將會變成富人——因為他從哥倫比亞的格拉漢姆那裡學到的知識足以讓任何人變得富裕。但如果他沒有繼續學習，他將不會擁有伯克希爾這樣的企業。

你們要怎樣才能得到普世智慧呢？使用哪種方法能夠讓你們躋身於世上極少數擁有基本實踐智慧的人士之列呢？長久以來，我相信有某種方法——它是幾乎所有聰明人都能掌握的——比絕大多數人所用的方法都有效。

　　你們需要的是在頭腦裡形成一個由各種思維模型構成的框架。然後將你們的實際經驗和間接經驗（通過閱讀等手段得來的經驗）懸掛在這個強大的思維模型架上。使用這種方法可以讓你們將各種知識融會貫通，加深對現實的認知。

　　思維模型是什麼呢？這麼說吧，第一條規則是，你必須擁有多元思維模型（latticework of mental mod-els）——因為如果你只能使用一兩個，研究人性的心理學表明，你將會扭曲現實，直到它符合你的思維模型，或者至少到你認為它符合你的模型為止。你將會和一個脊椎按摩師一樣——這種醫師對現代醫學當然是一無所知的。

　　那就像諺語所說的：「在手裡拿著鐵錘的人看來，每個問題都像釘子。」當然，脊椎按摩師也是這樣治病的。但這絕對是一種災難性的思考方式，也絕對是一種災難性的處世方式。所以你必須擁有多元思維模型。

　　這些模型必須來自各個不同的學科——因為你們不可能在一個小小的院系裡面發現人世間全部的智慧。正是由於這個原因，詩歌教授大體上不具備廣義上的智慧。他們的頭腦裡沒有足夠的思維模型。所以你必須擁有橫跨許多學科的模型。

　　你們也許會說：「天哪，這太難做到啦。」但是，幸運的是，這沒有那麼難——因為掌握八九十個模型就差不多能

讓你成爲擁有普世智慧的人。而在這八九十個模型裡面，非常重要的只有幾個。❷

　　簡單來說，思維模型就是任一領域裡的基本思考方式、分析工具、效應或理論框架。各個思維模型的共同特徵是：它們都可以用來描述真實世界某個現象的運作規律及深層邏輯。

　　例如，學習認知心理學裡的各類認知偏誤和三重加工理論，可以讓我們獲得「非理性行爲」和「理性思考」的思維模型。

　　學習行為經濟學的心理帳戶理論，可以讓我們獲得「誘發消費」的思維模型。

　　經濟學的賽局理論，可以讓我們獲得「理性競爭」的思維模型。

　　生物學的演化論，可以讓我們獲得「自下而上」的思維模型。

　　還有物理學的能量守恆定律、資訊理論的夏儂熵（Shannon Entropy）、熱力學定律、化學的自催化效應、相鄰可能等等——這些都能夠讓你從某種角度進行思考，用某個理論框架來分析真實世界。

　　但試圖用一種思維模型來解決所有問題，或想用單一思維來理解世界是註定行不通的。世界遠沒有簡單到用一個學科的知識就解釋得完。但是，人們經常做的事情，就是只用自己熟

悉的一兩個思維模型來看待一切問題。

　　而若要避免陷入單一思維，就要讓自己擁有多種不同的學問知識，以不同學科的思維去思考問題，建構一個精密的「多元思維模型」。

　　當你能根據上百種思維模型來做出一項決策時，你的盲點就會變得少之又少，因而能更準確地預測市場的長期走向。當一項決策可以用不同領域的思維模型交叉驗證時，就意味著該決策的正確性更高、更可靠。蒙格聲稱，這是他和巴菲特的選股方式。

　　若用本章的語言來說，就是**「多樣性能增進正確性」**。

　　我常用福爾摩斯的例子來說明這一點：

　　有看過福爾摩斯的小說和電影的人，一定都知道福爾摩斯的推理能力很強，但你是否知道福爾摩斯的推理能力從何而來？

　　其實一切推理主要都是建立在充足而深入的知識儲備之上，譬如說在影集《新世紀福爾摩斯》裡，有段福爾摩斯從一頂帽子進行的精彩推理：「這帽子被修補過五次，每個針腳都很齊，說明他找了一位很有水平的師傅；而這樣的修補費一定超過了帽子本身的價格，說明了他非常迷戀這個帽子。但其實不止如此，如果只有一兩次補丁，只能說明他是多愁善感的人，但五次？那足以證明他有強迫症。」

從以上這個推理你摸索到什麼了嗎？裡面不止包括了演繹思維這個思維模型，還包括了許多不同的資訊，其中包括了帽子的價格、修補的費用、心理學的見解，甚至是裁縫的技巧。

說到底，如果福爾摩斯不懂得演繹思維、不熟悉心理學，也不知道任何裁縫技巧與帽子的價格的話，他就不可能做出以上的推理。事實上，他還對化學、解剖學、法律等知識瞭若指掌，這些學科知識常被引用為福爾摩斯推理的根據。

知識的多樣性能增進正確性，多元思維能讓決策更正確。這就如同畫家必須有足夠多樣的顏色，才能正確描繪出真實世界的樣貌；作家必須有足夠多元的詞彙，才能正確描述出真實世界的思想。

多元思維模型除了能增進正確性之外，還能讓你更容易達成目標，或是影響事件的走向。

如果能將多個領域的思維模型結合應用，你就能在你所期望的方向獲得巨大的改變與影響——就像在化學裡，單一化學元素可能不會有什麼作用；但若你能把特定的幾個化學元素結合起來，它們就能產生爆炸、凝固、蒸發、腐蝕、燃燒等作用。

蒙格稱之為「魯拉帕路薩效應」（Lollapalooza Effect）[23]。

　　可口可樂之所以會受到大眾喜愛、獲得巨大的成功，並不只是因為「好喝」而已，而是運用了好幾個思維模型來達到成功：

1. 可口可樂公司透過大量的廣告宣傳，提高知名度，產生網路效應（network effect）。愈多人喜歡喝可樂，就會有愈多人模仿，然後喜歡上喝可樂。當品牌的知名度非常高時，就又會吸引一大批人想要嘗試可口可樂。

2. 可樂的廣告宣傳還運用了條件反射的心理學，透過視覺效果將飲料與「愉快」等正向感受連結，這會讓你在真正喝可樂時，產生來自心理的輕微愉快感受。

3. 飲料中加入了咖啡因和糖，而咖啡因和糖都會讓飲用者一定程度上癮，會讓飲用者想要再次回味。這巧妙地利用了人類生理系統的「弱點」。

4. 可口可樂公司還在通路銷售上做到極致，幾乎在所有商店都可以買到它，而且確保飲料總是冰涼的，這又滿足了人們偏好即時享受的傾向。

蒙格認為，正是因為可口可樂做到了上面這幾點，讓幾個效應在同一方向發揮作用，才會讓可口可樂的銷售量產生巨大的爆發式增長，受到世界各地的大眾所喜愛。

當然，這樣的解釋難免有事後諸葛之嫌，而且所有獲得大成功的案例背後，都一定有許多不可控制的運氣因素。例如：當時可口可樂公司正好趕上了冰箱的發明與普及，否則人們會很難喝到冰涼的可樂。

但總的來說，我們還是可以確定：如果可口可樂公司只是埋頭苦幹地嘗試做出「最好喝的飲料」，而沒有綜合使用上面這幾種效應的話，就不可能那麼成功。而這些效應與知識點，並不會在刻意練習做出「好喝的飲料」時習得。

當然，這不是說可口可樂的高層們需要親自動手去實踐這些知識。他們只需要知道、意識到這些知識的重要性，然後外包給專人來處理就行。

總之，無論你是要獲得成功，還是想要理解、預測真實世界，只有單一領域的知識是遠遠不夠的。你必須尋求領域之外的思維模型，無論這些知識來自哪個領域、是否屬於你的專業範疇，只要能幫助你達到目標，都值得追求學習。

要達成一件事，你得結合應用不同的思維模型，讓「魯拉帕路薩效應」發生，讓不同領域的知識結合起來產生湧現，讓1+1≥2。

值得提醒的是：我們經常會習慣性地根據第一反應、直覺來思考問題。例如，當你想要讓自己的某項產品更暢銷時，就會立刻想用市場行銷的知識和思維模型來做行銷，你會自然而然的陷入單一思維模型裡。

　　這裡，我們可以看到「**在第一層反應之外，進行第二層思考**」再起作用——除了立刻使用手頭上僅有的一兩個思維模型之外，我們還應該主動尋找其他學科的思維模型來完成目標（例如，心理學和行為經濟學的思維模型）。這樣你的產品行銷策略就會更全面，也更能提升成功機率。

　　正確性＝跨領域學習 ✕ 第二層思考（多元思維模型）

正確看待跨領域學習

　　說了那麼多跨領域學習的好話，是時候該說說它的壞話了。

　　所謂跨領域學習，好聽一點叫做「博學」，難聽一點就叫「雜學」，而且學了你也不知道自己是否真能用上。例如，對於一位銷售員來說，學習光學知識有什麼用？學習光學的思維模型能幫助銷售嗎？

　　如果不能的話，為什麼要浪費有限的時間去跨領域學習？

　　這個問題有兩種解答，第二種解答會在下一篇關於「創造性」的內容裡談到，我們先來談第一種解答。

　　福爾摩斯顯然是一位實踐跨領域學習的人物，他有著驚人的知識量。他對化學、解剖學、法律等知識瞭若指掌，而且能

記下許多零碎的常識。

但他不知道什麼是太陽系。

在《新世紀福爾摩斯》中，當華生驚訝地發現這一點時，福爾摩斯的回答是：

「無關緊要的知識，只會妨礙你專注於真正重要的知識。」

對於福爾摩斯來說，太陽系是啥的確並不重要，因為他不用到月亮或火星上尋找兇手。相反地，化學、解剖學和法律的知識，對於一位偵探來說是很重要的。他需要憑藉這一些知識做出正確的推理，在一個人有限的精力和時間裡，他應該專注於能幫助自己的領域。

這意味著，福爾摩斯也在幾個領域有所涉獵，但他不會盲目地將所有的知識看成同等重要。他只專注於對他來說重要的領域，而這才是正確看待跨領域學習的方式：

先跨你該跨的領域，先專注在對你來說重要的、有用的領域。

但這樣做還是有一個問題，你要怎麼判斷某個領域裡面，有沒有能幫助你的知識呢？我們怎麼分辨哪些領域該跨、哪些不該跨呢？

另外，人是不知道「自己不知道什麼」的。假設我並不知道有「系統科學」這門學科存在，那麼就算這門學科的知識能幫助我達到目標，我也不可能會想到該去學習相關知識。

　　面對這一類問題有兩種解決方法。第一個方法是尋求前輩給你建議，參考前人或高手們會選擇什麼領域來研究，這很好理解，這裡就不多做解釋。

　　第二個方法就是你自己花時間進去探索，哪怕是隨機的探索也好。換言之，除了專注在那些明顯對你有用的領域之外，你或許還應該把一小部分時間放在看似無關的領域，進行隨機探索；你可能會因此獲得驚喜的發現，或是別人尚未察覺的發現。

　　具體來說，我建議你用以下方法來思考自己應該學習什麼領域的知識：

1. 拿出一張紙，在中間畫一個小圓圈，在圓圈裡寫下你的專業領域、工作的領域。
2. 在圓圈外圍再畫一個圈，這裡寫下與你的職業發展高度相關的領域。
3. 在外圍再畫一個圈，寫下你感興趣，但與你職業沒什麼關聯的領域。

　　以這三個圓圈為準，你可以按關聯度，分配你跨領域學習的時間。

　　對於大學生來說，你該讀什麼就讀什麼，有多餘的時間可以隨著興趣看看其他領域的書籍。

　　對於已經進入的人來說，有兩種可供參考的分配方式：

1. 如果你尚未成為專業的人（剛畢業），在可以用來學習的時間裡，把其中的 80% 時間用於提升自己的專業領域（第一個圈），20% 的時間放在與職業／事業發展方向高度相關的領域上（第二個圈）。

   當你發現自己在該領域裡到達了瓶頸後（以專業的同行們遇到的瓶頸為準），可以考慮轉換成下一個模式。

2. 對於已經面臨專業瓶頸的人而言，這時你應該已經對第二個圈的領域有大致的了解，你可能會發現第二個圈裡有某些領域比另一些領域更重要。這時，你應該把 80% 的時間都放在這些更重要、與你的專業高度相關的領域上。

   另外，把剩下 20% 的時間放在比較不重要的領域，以及用來探索一些看似無關，但你感興趣的領域。在假以時日的累積後，這些無關的知識很可能會讓你獲得意想不到的收穫。

　　為什麼要用 80 比 20 來進行分配呢？

　　這其實是取自於思想家納西姆・塔雷伯（Nassim Taleb）的著作《反脆弱》裡的「槓鈴策略」（barbell strate-gy）。

　　例如，螞蟻的生存策略就與槓鈴策略很相似。一個蟻窩裡大部分的螞蟻都會很勤勞地尋找及搬運食物，只有一小部分的「懶螞蟻」是不工作，只會到處亂跑的。

　　這時，如果你切斷蟻窩原有的食物來源，你會發現勤勞的螞蟻統統都變得不知所措，而懶螞蟻就會在這時挺身而出，帶領大家到它們之前「到處亂跑」時發現的食物源。

　　我們可以將螞蟻的策略看作是把 80% 的勞動力放在保險的選擇上，把 20% 的勞動力放在探險上。同理，我們也可以效仿這一策略，把 80% 的學習時間放在明顯重要的領域裡，把 20% 的學習時間放在探索陌生領域。

　　這個策略可以幫助你獲得「隨機的意外驚喜」，你可能會因為跨到某個「看起來不相關的領域」，而獲得了同行們所未具備的思維模式，解決了同行們難以解決的問題及瓶頸。

　　當然，這樣的分配也只是一種參考，有些人或許會覺得自己應該採取激進的做法，將所有時間都放在跨領域學習，或都放在探險裡。如果你的主觀判斷這會比較適合你的處境，那也未嘗不可。

　　但如果你想要更理性地制定學習策略的話，那麼另一個值得參考的指標就是你自身的歲數。

著名職業生涯導師布賴恩‧費瑟斯通豪（Brian Fetherstonhaugh）提出[24]，絕大多數人的職業生涯都可以分成三個階段，這裡簡略的描述一下：

第一個階段是從踏入職場那一年開始算起的 15 年，亦即大約在 20 ～ 35 歲左右。這段時間的你是最年輕有活力的，也是對自身和世界的了解還不夠成熟透徹的時候。

整個第一階段往往是一個學習和探索的過程，充滿了嘗試和錯誤。這階段的你往往還不知道自己擅長什麼、不擅長什麼、喜歡做什麼，以及不喜歡做什麼。而你在這階段的任務，就是去找到這些問題的答案。

第二個階段大約在 35 ～ 50 歲左右。如果說第一階段是在尋找你的長處，那麼第二階段就是你錨定自己的所長，聚焦於發揮自己長處的時候。

你應該已經知道自己擅長什麼，而且對其累積了多年的經驗，並且對接下來的時間該做什麼非常清楚。這個時候也通常是大多數人人生中收入最高的時候。

第三個階段大約從 50 歲之後開始。這時的你已經接近退休年齡，你需要思考接下來該如何度過餘生。費瑟斯通豪的建議是，可以停止高強度的工作，但不應該停止所有工作。

　　最好是可以嘗試新事物，接受新的挑戰，甚至去創個業都沒問題，以讓自己與社會以及身邊的人保持連結。

　　如果我們借鑒費瑟斯通豪的職業生涯規劃來制定學習策略的話，那麼一個合理的學習策略參考如下：

第一階段（20 ～ 34 歲）：前期先著重培養至少一個專長，花大部分時間建立一技之長，然後逐漸開始增加跨領域學習的比重，探索自身的其他可能性。去實驗、嘗試錯誤，試著超越一技之長，以找到自己最有價值的長處，以及最擅長做的事情。

第二階段（35 ～ 49 歲）：人生中真正的事業全盛期，大多數人達到人生頂點的歲數。此時該聚焦於拓展自己的已知長處，花 80% 的時間升級、更新、應用自己已有的長處，只留下 20% 的時間跨領域學習。

第三階段（50 ～ ?? 歲）：如果你在第二階段做得不錯，那麼這一階段的你應該累積了充裕的財富。因此可以再次提升跨領域學習的比重，去探索人生中想做但還沒做的事情，去做那些你享受做的事情。

　　你可能會因為探索新的可能性而再創一波事業高峰，或與以往意義不同的高峰。

總結多樣性，我們可以用以下公式來表達：

多樣性 ＝ 自身專長領域 ✕ 跨領域學習

現在，我們探討了為什麼要跨領域學習、如何跨領域學習，也探討了大部分跨領域學習的好處，包括：更高的收入、更高的問題解決能力、更高的正確性以及更高的成功率。

但注意我的用詞，我們只探討了「大部分」的好處。

換言之，跨領域學習還有其他我們還沒談到的好處，而這，就要說到本章的第三個主角：創造性。

4 - 3
創造性－思想孵化器

無用知識的大用

　　跨領域學習還有一大問題，那就是當我們在進行跨領域學習時，我們往往會發現自己學到的許多知識，其實都是「無用知識」。

　　例如，我知道光的移動速度是每秒 299,792,458 公尺，但這又如何？這對我有幫助嗎？

　　首先，我們必須承認，有些知識的確是無用的，「桌子是桌子」這句話就是一個正確但無用的知識，是一句廢話。

　　另外，也有不少的知識點是只服務於特定的專業領域。例如，如果你不是物理學家、天文學家，也不用與地球之外的東西打交道的話，那麼知道光的移動速度是不是每秒 299,792,458 公尺對你來說並不重要，儘管這對物理學家和天文學家來說極其重要。

　　當然，如果你是科幻小說家或科普作家，那麼這個知識點或許可以被安排在著作裡。但對於一般人來說，知道光的速度

除了可以滿足自己的求知欲之外（這是件快樂的事），並無用處。

所以人們的常識是對的，有些具體知識對大部分人來說，的確毫無實際效用。

但在我看來，知識就算沒有「實際效用」，也常會有「啟發作用」。

同樣以光速為例，當我仔細思考「光速為每秒 299,792,458 公尺」時，我心裡所想到的不是這個知識點對我來說有什麼實際效用，而是聯想到「到底是什麼樣的瘋子才會想到要去測量光速啊？」

於是我上網搜索了一下是誰測量了光速，結果發現——瘋子不止一個。

在不同年代有不同的瘋子做過這件事情，這些瘋子在後來多半被世人稱為天才或偉人。例如：伽利略（Galileo Galilei）和牛頓（Isaac Newton），都分別用不同的方法試圖測量或計算過光速。這讓我對「天才與瘋子的一線之隔」有了更好的領悟。

天才和瘋子都會做出常人所不會做的事情，這是兩者的共同之處；但他們的一線之隔就在於：前者會在大量嚴謹的推理、思考和想像後，才做出「非凡之事」，這能讓他人更充分理解真實世界，有時甚至可以改變世界。而後者的「非凡之事」則建立在空想之上，與真實世界無關。

　　這意味著，你做的事情有多怪、有多異於常人都是沒問題的，不用害怕自己「異於常人」；重要的是你所做的這件事情反映的是真實世界，而不是空想的世界。

　　因此，說光速的知識沒為我帶來什麼實用價值也對，但它啟發了我進行思考。當我從光速聯想到瘋子時，便獲得了一些有益的啟發，而這個啟發可以指導或影響我未來的決策。

　　那麼，我們是否可以說，只要對所學的無用知識進行聯想思考，無用知識就可能帶來啟發呢？

　　是的。而且其實早就有人發現過這一點，應用到自己的工作上，並獲得了很實際的成果。

　　我曾在 4think.net 的文章裡提到，一位著名音樂製作人布萊恩・伊諾（Brian Eno）發明了一種激發創意的工作策略，並用這個策略幫助不少音樂家打造出經典作品。伊諾將之稱為「迂迴策略」（oblique strategies）。

　　迂迴策略很簡單，他將大約一百種的隨機指令寫在卡片上，讓音樂家在創作音樂遇到瓶頸時抽卡，然後按照抽到的指令去執行。但這些卡片的指令總是讓人摸不著頭緒，其中包括「水」、「鬼的回音」、「將錯誤放大」、「向你的身體質詢」、「關上門然後傾聽外面的聲音」等等。

伊諾曾經讓一位吉他大師在錄音室裡抽卡，而這位大師抽到的卡片寫著「像園丁那樣思考」，這代表什麼呢？

吉他大師聯想到：「我開始想，我要怎麼做，才能讓東西長出來？於是我得以從不同的角度來看錄音的過程。我從自己的吉他去發展，就像播下種子，悉心照顧、澆水，讓它成長。雖然我並不喜歡那樣的觀點，但我再回到工作的時候，我發覺自己已經不一樣了。」㉕

讓人驚訝的是，這種策略還真的幫助了不少知名音樂家，其中包括傳奇歌手大衛‧鮑伊（David Bowie）與知名英國搖滾樂團酷玩（Coldplay）。

為什麼迂迴策略管用呢？

簡單地解釋，就是因為卡片的隨機指令能強制你「跳出框架思考」（think outside the box），迫使你用不同的角度來看待問題，從而產生新洞見。

神經科學家霍華德‧瓊斯（Paul Howard-Jones）的一項實驗，其結論可說是驗證了迂迴策略的效果。

實驗很簡單，研究人員給受試者看三個字詞，然後要求他們利用這三個字創作出一個簡短的故事。其中，有些人分配到的字詞有明顯的關聯，例如「牙齒、牙刷、牙醫」，或是「汽車、駕駛、馬路」；有些人得到的字詞則比較隨機，如「母牛、

活力、星星」或「香瓜、書、打雷」。

　　結果發現，得到愈隨機的字詞組合，受試者說出的故事就會愈精彩。[26]

　　簡而言之：**隨機的聯想能產生新知。**

　　而如果把迂迴策略卡片放在本節的視角來看，那些隨機指令不就像是學習裡會遇到的「無用知識」嗎？

　　當你看到「光速每秒 299,792,458 公尺」時，這個知識點對外行人來說，就像是隨機指令般令人摸不著頭緒。

　　這時，如果你能在看到這個知識的第一反應（認定它沒用）之外，再多想一層：「這知識和我目前所做的東西，有什麼關聯？」你或許會獲得意想不到的收穫。

　　我們來看個經典的故事：

　　相信你應該也聽過啟發牛頓思考萬有引力的故事。某天牛頓坐在蘋果樹下，剛巧有一顆蘋果從樹上掉下，這讓牛頓的心中升起了一個疑問：「為什麼蘋果會往下掉，而不是往上飄呢？」

　　這個疑問引發了牛頓一連串的後續思考，進而發展出著名的萬有引力定律。

　　現在，我們把故事換一個設定來看看——如果同一顆蘋果在同一個高度同一個地點下墜，卻掉在路人甲而不是牛頓

的眼前,路人甲會因此而想出萬有引力嗎?

當然不會,路人甲不會因此為世界帶來有關萬有引力的啟發,哪怕這路人甲智商比牛頓高,他要嘛會無視,要嘛會把蘋果撿來吃了。那問題來了:為什麼牛頓會因為看見蘋果的掉落而想到萬有引力,其他人卻不會呢?

答案很簡單:因為牛頓能把蘋果和萬有引力聯想起來,其他人則不能。

對大部分人來說,「蘋果會往下掉」這個知識點就跟「桌子是桌子」一樣,算是一種無用知識。但當「蘋果會往下掉」這個無用知識出現在牛頓的眼前時,無用知識就產生了大用。

但這裡還有一個說不過去的地方,牛頓並不是第一次接觸類似的知識啊,為什麼牛頓不是在下雨的時候,看見雨滴往下掉而產生了與引力相關的思考?為什麼不是落葉?為什麼必須是蘋果?

答案也很簡單:因為牛頓沒有主動對那些事物進行主動的聯想,卻因機緣巧合,突發奇想地對蘋果的掉落產生了聯想。

沒有聯想,無用知識就無法產生大用。

這裡,我們可以再一次看到「第二層思考」的作用。如果

你只是對無用知識產生第一反應（視而不見），而沒有進行第二層思考（聯想），那麼你就無法從中獲得創造性：

啓發創造性＝無用知識 ✕ 第二層思考（聯想思考）

但要注意的是，以上這個方法起到的作用，僅僅是開了個頭而已。牛頓在產生了有關萬有引力的疑問之後，還有一大堆的思考、計算要完成，他才能證明萬有引力的存在。

換言之，聯想思考的作用通常僅止於「啟發創造」，而非「完成創造本身」。

所以我們還得往下看。

跨領域帶來的創造性

心理學家伊杜生（Bernice Eiduson）及其團隊的一項研究，以 40 位科學家為對象，用二十年的時間對他們進行了大量訪談、心理測驗及問卷調查，並追蹤他們發表的研究成果。這 40 位科學家裡，有 4 人後來獲得諾貝爾獎、2 位成為世界公認的諾貝爾獎級權威，還有幾位成了美國國家科學院院士，其餘的

人則成就一般。

後來，伊杜生的同事對這項研究的資料進行分析，試圖總結科學家的成功模式。結果發現，那些成就更高、生產力更高，能一再突破瓶頸的科學家們有個突出的共同點，那就是他們不會專注在一個研究題目，而是會同時進行好幾個研究題目，在不同的題目之間轉換。

1838 年 9 月，發現生物演化的自然選擇理論（也就是演化論）的達爾文（Charles Darwin）閱讀了馬爾薩斯牧師的《人口學原理》。這本書的核心觀點是人口增長，以及人類對於自然資源的競爭。馬爾薩斯認為人口會不斷增長，當到達食物供給的極限之後，人類必然會為了食物而產生競爭。

達爾文意識到，這正好可以用來解釋他之前所觀察的各種物種間的區別。不同物種為了資源進行競爭博弈，任何隨機演化都可能成為優勢，讓勝利者生存下來，失敗者被淘汰。具備優勢的物種擁有更高的可能性繁殖後代，將基因遺傳下去，沒有優勢的物種則會在這個過程中消亡。

達爾文同時發現，自然界這個自然發生的過程，與農夫們刻意栽培選育最好的物種特徵，想辦法將優良品種培植下去的選擇，是同樣的道理。

於是，《人口學原理》中的資源競爭和農夫的刻意栽培優良基因的選擇，被達爾文重新整合定義為「物種之間會為了資

源自然競爭，只有適者生存」。我們所看到的物種，都是經過了這個苛刻的過程之後被選出來的。

達爾文沒有像牛頓那樣透過偶發事件發展出新理論。他是在閱讀後的思考中，找到突破瓶頸的見解，才完成發現的。

如果透過現代的標準來分類的話，《人口學原理》無疑是屬於經濟學的範疇，而達爾文想出的生物演化論則是生物學的範疇。因此我們可以說，透過跨領域學習帶來的碰撞，達爾文因而誕生了新思想，也因此拓展了生物學的知識版圖。

再舉另一個例子：2017 年諾貝爾經濟學獎得主理查德‧泰勒（Richard Thaler），在他的著作《不當行為》中提到，當他剛從經濟學系畢業時，他還沒決定好自己的研究方向；但透過接觸心理學家丹尼爾‧康納曼（Daniel Kahneman）和阿莫斯‧特維斯基（Amos Tversky）的研究，他找到了心中的答案，並下定決心用經濟學的角度來研究「行為」——而當時還沒出現行為經濟學這個領域。

當時，康納曼和特維斯基剛提出了「展望理論」（prospect theory），這個理論透過實驗證明了「真實世界的人類行為決策是非理性的」，這與當時主流經濟學的「經濟人假設」產生了矛盾。

泰勒決定與康納曼和特維斯基密切合作，三人沿著「人是非理性的」這條思路，積極地進行各種研究實驗、發表論文。

剛開始時，他們三個人就代表了所有研究行為經濟學的「總人數」，經濟學家並未立刻接受他們的思想。但慢慢地，他們的研究開始獲得了其他科學家的重視與參與，也逐漸被主流科學家所接受。當康納曼被授予諾貝爾經濟學獎時，行為經濟學的名聲才達到了頂峰。

而這也就是為何他們三人常被媒體稱為「行為經濟學之父」——說白了，就是經濟學家和心理學家合作，將兩個領域結合起來形成了「行為經濟學」。

當不同領域的知識相互碰撞時，新的知識就會誕生——創新往往不過是如此。

被譽為「創新教主」的史帝夫·賈伯斯（Steve Jobs）曾發表過他對創造性的看法：「創造性是將不同的事物結合在一起。如果你問那些有創造性的人是怎麼做到的，他們會感到慚愧，因為他們並沒有『做』，只是看到了很多，再將自己的經歷結合起來，形成新的東西。他們之所以能夠這樣做，是因為他們比其他人有更豐富的經歷，或者能更深入地思考自己的經歷。」

若將賈伯斯的經驗見解翻譯成本章的語言，那就是：

創造性＝跨領域學習（豐富經歷）× 第二層思考（深入思考）

這個公式的解釋性很強，能夠解釋許多的創新例子。其中，一個非常具有代表性的例子，就是特斯拉公司創辦人，被譽為真實版鋼鐵人的伊隆・馬斯克（Elon Musk）。

馬斯克的創造性思考

說馬斯克是百年難得一見的創新奇才並不過分，「創新教主」賈伯斯和他相比也會相形見絀。馬斯克做出了許多驚人的創舉，其中包括了網路金融服務 Paypal、可回收火箭、高效能全電動汽車、成本極低的太陽能板。

以上隨便一項創舉都可以讓一個人功成名就，但他一個人就承攬了四項，而這裡還不包括那些他間接參與的項目。

他是怎麼辦到的呢？

我們可以用從賈伯斯那裡得出的創造性公式來解釋。

首先，馬斯克是個跨領域學習者。他熟知物理學、數學、化學、程式設計、經濟學、心理學、商管等多個領域的知識。

其次，馬斯克也有自己的一套思考方式。在一次訪談之中，馬斯克談到了自己是如何思考問題的：

運用「第一原理思維」（first principles thinking）而不是「比較思維」去思考問題是非常重要的。我們在生活中總是傾向於比較——別人已經做過了或者正在做這件事情，我們就也去做。這樣的結果只能產生細小的迭代發展。

「第一原理」的思考方式是用物理學的角度看待世界，也就是一層層剝開事物的表象，看到裡面的本質，然後再從本質一層層往上走。❷

注意，馬斯克在這段訪談中說了一句話：「我們在生活中總是傾向於比較。」在我看來，這句話說的就是我們前面提到的第一層反應。接下來，他才介紹他的第二層思考，亦即第一原理思維。

第一原理思維原是一個哲學名詞，最早由亞里斯多德（Aristotle）提出，後被沿用到數學和物理學上，並有稍微不同的版本；而馬斯克所使用的版本應該是物理學的版本。在物理學中，第一原理的意思是「從基本的物理學定律出發，不外加假設與經驗，重新推導與計算」。

用通俗的話來說，就是「回歸事物的初始本質，然後重新推導」。

馬斯克自己舉的例子是這樣的：❷

　　有些人也許會說：「電池組很昂貴，將來也一定會如此。之前每千瓦時要耗費 600 美元，以後也不會比這便宜多少。」

　　用第一原理來思考的話，你就會問：「電池的物理元件主要包括哪些部分？這些物理元件的市場價值究竟是多少？」

　　電池就是由鈷、鎳、鋁、碳、一些聚合物以及密封裝置組成的，將其分解到材料層面後再來問，「如果我們在倫敦金屬交易所購買這些金屬，它們分別價值多少錢呢」？

　　差不多每千瓦時 80 美元。所以這就清楚了，你所要做的只是通過聰明的方式去找到這些材料並將它們組裝起來，然後你就能得到便宜到超出所有人想像的電池了。

　　當大多數廠商都只是將傳統汽車略作改進時，馬斯克憑藉廣博的知識與第一原理思維，在分析了製造電池所需的相應材料後，計算出了製造電池所需的成本其實可以更低。事實上，特斯拉公司還讓電池的效能進一步提高。

　　這種成本更低、效能更高的電池，被應用到了特斯拉電動汽車上，並創造出了有史以來性能最佳的全電動汽車特斯拉 Model S，其性能可媲美高檔的傳統汽車。

　　同樣的思維方式也被應用在打造可回收使用火箭上。當所有製造火箭的廠商都在使用幾十年前的火箭製造技術時，他們只能將舊有的版本略作修改。

　　但馬斯克用第一原理思維回到事物的本質，重新思考讓火箭升上太空的物理學定律，發明新技術並淘汰大部分落伍的火箭製造技術。例如，馬斯克和他的 SpaceX 團隊在剛開始時，就是以上網購買的零件做出了第一代火箭引擎 Merlin，然後再慢慢改進成更成熟的火箭引擎。事實上，SpaceX 的火箭、引擎、電子設備和其他零件，有 80% 到 90% 都是自製的，這種做法簡直讓同行們無法想像。

　　而最終，馬斯克的 SpaceX 也因此成為第一家製造出可回收火箭的私人公司，製造了能在上太空完成任務後回到地球的火箭。㉙

　　要知道能參與汽車設計、火箭設計的人都是聰明絕頂的菁英，而有能力製造汽車、火箭的都是大公司。但在這兩個領域裡掀起革命創新的卻不是原有領域的人，而是一個曾經創辦網路金融服務（Paypal）的企業家。

　　這裡值得注意的是：馬斯克雖然推崇第一原理思維，而我們現在知道，第一原理思維講求「從基本的物理學定律出發」，但他並不會用物理學來解釋所有問題。

　　根據馬斯克的傳記，他在大學時期攻讀了雙學位，一個是

物理學士學位，另一個是經濟學位。人們普遍強調馬斯克在物理學上的見識，但經濟學對馬斯克的影響也很大。馬斯克總是在計算如何用更低的成本來換取更大的收益，這就是一種典型的經濟學思維。這種思維體現在他的每一次創業、每一次決策之中。

　　事實上，馬斯克想要製造「可回收火箭」的原因之一，就是要打造可多次使用的低成本火箭。他深知只有在做出低成本火箭之後，才能實現移民火星的目標，而這個考量並非源自於物理學思維，而是經濟學思維。

　　綜合上述，馬斯克的創造性除了得益於他的第一原理思維之外，也得益於他的跨領域學習。而這與我們的創造性公式不謀而合：

創造性＝跨領域學習 × 第二層思考（第一原理思維）

　　在我看來，馬斯克和蒙格有著極大的相似之處。雖然兩人身處的領域不同，馬斯克是一位創新家，而蒙格則從事投資行業。

　　有趣的是，兩人都不約而同地實踐了跨領域學習。他們都十分擅於思考，並在自己所處的領域取得了巨大的成功。

　　馬斯克注重於透過知識的多樣性，來提升思考的創造性。

　　蒙格則注重於透過知識的多樣性，來提升思考的正確性。

　　但事情真的有那麼簡單嗎？只要跨領域學習，就能激發創造性了嗎？

緩慢的靈感

　　著名科普作家強森認為，創意最常出現的一種形式，是「緩慢的靈感」（slow hunch）。

　　簡單來說，「緩慢的靈感」是相對於「靈光乍現」的。前者說的是創意會在時間的流逝中漸漸成型，後者說的則是創意會在偶然中、無意中忽然出現。

　　還記得嗎？我們前面提到，達爾文是在閱讀了馬爾薩斯牧師的《人口學原理》之後，才忽然獲得了提出演化論的靈感。這一點在《查爾斯‧達爾文自傳》中有詳實的記錄。這件事發生在 1838 年 9 月 28 日，達爾文寫道：「就在那一刻，我的新理論終於可以開始了。」

　　這樣看起來，達爾文的創意似乎是屬於「靈光乍現」。

　　但創造力研究專家霍華德‧格魯伯（Howard Gruber）卻得出了不同的結論。格魯伯在仔細研究了達爾文寫過的筆記之後，

他發現，演化論在 1838 年以前就已經被達爾文近乎完整地描述過，演化論的重要元素和思想其實最早出現在 1838 年之前的一年（1837 年）。這些元素散落於達爾文的筆記本之中，只是達爾文還未曾將這些拼圖正確地拼在一起而已。❸

　　換言之，達爾文的理論並不是在閱讀《人口學原理》後忽然發生的，而是在閱讀之前就已經出現。閱讀之後出現的靈光乍現，其實是達爾文達到完整理解的那一刻，也就是將最後一片拼圖拼上的那一刻。

　　那麼，在最後一片拼圖拼上的那一刻之前，達爾文都在做些什麼呢？

　　在 1835 年的一次旅行中，達爾文乘坐「小獵犬號」到加拉帕戈斯群島進行關於地質學的調查。當時他記錄了許多動物群的特性，也蒐集了許多生物化石，這讓他累積了大量研究素材，為將來的演化論提供了大量依據。

　　在搜集到研究素材之後將近兩年的時間裡，達爾文都沒有著手研究物種變異的問題；至到 1837 年的夏天，他才開始思考「物種變異」的問題，而其思考的根據就是兩年前累積下來的研究素材。他將自己的思考與想法都寫在筆記本中，正是這些想法在後來拼成了演化論。

**　　達爾文經歷了大量的思考後，才提出了演化論，創意並不是忽然發生的。而這就是強森所說的「緩慢的靈感」。**

還記得嗎，我們前面提到的另一個例子，是行為經濟學家理查德‧泰勒透過結合心理學與經濟學的研究，才和康納曼等人開創了行為經濟學的先河。

這個創舉其實和達爾文的創新歷程有著許多相同之處。泰勒年輕的時候，當然並不知道自己將會成為「行為經濟學之父」，他在半自傳《不當行為》這本書中寫道：

雖然我認為自己有個重要的創見，可是研究過程卻得一步一腳印地將小步驟串連起來，而且我不知道究竟是當中哪些小步驟才能讓我這個重要創見開花結果。

回想起來，這就是科普作家史帝夫‧強森所說的「緩慢的靈感」，與一切豁然開朗的「啊哈」頓悟不同，緩慢的靈感只讓你有個模糊的印象，覺得好像有什麼有趣的事正在醞釀，本能告訴你某個重要的事物就潛伏在不遠處。❸

泰勒和達爾文的共同之處在於，他們一開始都不知道自己會提出什麼創見；但在經過大量思考與研究之後，創見慢慢變得完整，慢慢地浮出了水面。

那麼馬斯克呢？

根據馬斯克的傳記，其實在剛成立 SpaceX 時，馬斯克並沒有打算要自行製造火箭，因為他並不懂得如何製造。他的原訂

計劃是到俄羅斯購買火箭，然後將老鼠和一些植物運上火星，僅此而已。但由於俄羅斯不願意賣火箭給馬斯克，還當眾侮辱他們一番，馬斯克才萌生了自行製造火箭的打算。

馬斯克不懂得如何製造火箭，但他還是透過閱讀火箭科學書籍來學習相關知識，然後根據第一原理思維計算出「可回收火箭」是可以被製造出來的。據說他還做了一個表格，清楚列出要使用什麼材料，才能用比其他廠商更低的成本製造出火箭。儘管如此，除了他之外，沒有人相信「可回收火箭」能被製造出來，幾乎所有航太領域的專家都不看好他。

與他一同創建 SpaceX 的創辦人之一，曾為 NASA 噴射推進實驗室工作多年的坎特瑞爾（Jim Cantrell）也不認為馬斯克的願景能成，坎特瑞爾還因此離開了 SpaceX。㉜

馬斯克雖因此倍感壓力，但他依舊招募人才組織團隊，和團隊一起邊做邊學。他們沒有一舉成功，縱使馬斯克是百年難得一見的奇才，縱使團隊裡的人都是極具實力的頂級人才，他們還是失敗了許多次。火箭要嘛在空中蒸發、要嘛著陸失敗，SpaceX 一度瀕臨破產。

但最終，他們還是成功打造出 Falcon-9 可回收火箭，並在 2015 年成為人類首次成功回收的軌道運載火箭（orbital rocket）。這前後一共花了 13 年之久。

如果我們把馬斯克完成這一項創舉的歷程，與達爾文的創作歷程相比，我們會發現它們其實都是「緩慢的靈感」。

例如，馬斯克與團隊在製造火箭的過程中，才慢慢讓相關技術在各個方面發展成熟，正如達爾文的理論也是在思考之中慢慢發展成熟；馬斯克並不知道具體要等到哪一次火箭發射才會真正成功，正如達爾文也不知道具體在哪一天他才會將所有的拼圖拼在一塊。

在成功那一刻之前、在豁然開朗之前，他們並不知道自己還欠缺什麼。所以他們繼續思考、研究、跨領域學習，直到那一刻來臨。

創造性不是忽然出現的，它是在經過一定的時間學習、思考與努力之後，才慢慢成形、慢慢發展成熟的。

而在我看來，創造是最好的學習，是最有意義的學習。

達爾文就算翻爛了當代的書，背熟了當代的一切知識，若他不進行思考，就無法提出演化論，也就無法從自己的思考中學習到演化論的奧妙。

泰勒就算能考上經濟學與心理學的博士，若他不思考與研究兩者的矛盾之處，就無法學習到行為經濟學的洞見。

馬斯克就算再怎麼天才，若他不硬著頭皮去發展他的想法、進行創造，那麼他就無法在製造火箭的過程中，學習到如何製造出可回收火箭。

　　這世上還有許多的知識還沒被寫在書上，或是沒被寫在書上，也還有許多的知識是無法透過傳授獲得的。

　　這些知識，你需要透過自己的思考與創造才能夠學習到。

深度的思考，帶來深度的學習

　　在我看來，無論是要拓展正確性、多樣性還是創造性，最主要的動作不再是單純的「理解知識」，而是對知識進行大量的第二層思考——對知識的正確性提出問題、用不同的思維模型看待問題；將不同領域的思維模型結合應用、對不同領域的知識進行聯想；透過深刻的思考提出獨到的見解，並透過大量的思考與實踐來完成創造。

　　這一切都不再是單純的「理解知識」，而是有意識地以更有深度的思考，來達到更具深度的學習。

　　換言之，**本章的「終極學習武器」，恰恰就是你的思考本身。**

　　正因如此，本章的內容中才討論了許多「如何思考」的問題，因為思考就是學習。

　　我們探討了如何透過 5 個思考方式打造一個過濾機制,這個過濾機制,其實就是一種思考方式,也是思維模型的集合。這本身就能提升你的思考能力。

　　我們也探討了如何透過跨領域學習,來蒐集更多樣、多元的思維模型,然後結合這些思維模型來思考、制定新決策。這本身就是在打造你的思考能力。

　　我們探討了如何透過聯想思考將無用知識當作啟發、將跨領域知識當作材料,再加上大量的深入思考,完成創造,這本身就是在磨練你的思考能力。

　　事實上,本書從第二章開始,就已經逐漸出現越來越多有關思考的話題,然後在第四章裡面,我們談的幾乎都是思考的話題,這並不是一種偶然,而是深化學習力的必然走向。

　　你的思考有多深,就有多深的學習力。

　　在本章最後,想要談的自然也和深化思考力(學習力)有關。我想介紹你一個能將本章所提到的理論一次全用上的思考工具,我稱之為「**思想孵化器**」。

　　它還有一個更廣為人知的名字,就叫做「**寫作**」。

思想孵化器

　　我之所以把寫作稱為「思想孵化器」，是因為「寫作」這個詞對許多人（包括愛閱讀的人）來說，都是一個「很麻煩且不知道實際作用的東西」，人們不喜歡「很麻煩且不知道實際作用的東西」。

　　而「思想孵化器」這個新名詞，所帶來的感受比較「純淨」，你不會看到就覺得麻煩。況且，寫作有很多種：寫故事、寫新聞、寫文案、寫日記、寫評論、寫報告、寫論文、寫企劃書等等。

　　我想說的寫作和上述寫作雖有共同之處，但並不盡相同。為了與以上的寫作區分開來，我將我想說的那種寫作稱為「思想孵化器」。

　　顧名思義，思想孵化器就是用來孵化出思想的。而所謂的「思想」，其實是一個很籠統、抽象的概念。這裡的思想指的可以是一個創意點子、一項產品、一個商業項目、一個學術理論、一種思考方式、一套思維體系、一種方法論、一個目標。總之，所有能由你的大腦產生的概念，都可以稱為思想。

　　那麼到底什麼是「思想孵化器」呢？

　　思想孵化器是由你的大腦、一本筆記本和一枝筆所組成，其使用步驟如下：

1. 設定主題

　　為思想孵化器設定一個主題。例如：假設你有創業的打算，你就能把創業當作思想孵化器的主題，然後每天在筆記本裡針對這個主題寫下你的一個想法及點子。

2. 善用各類素材幫助寫作

　　剛開始寫的時候，你可能會不知從何下手，這時你可以主動尋找素材。這個素材可以來自經驗、書籍、工作、報紙期刊、課程、網路。

　　例如，你今天剛好看完了《創業維艱》這本書，那就用這一本書做為素材，針對你的個人創業，寫下你要怎麼應用書裡的知識來幫助自己，或是寫下你對作者的看法、對書中內容的感想，以及它們與你有何相關。

　　又例如，你今天觀察到老闆在開會時的決策過程非常值得借鑒，那你就又能將它做為素材，寫下為什麼這個決策過程值得你記錄，以及這對你造成的影響。

　　又例如，你今天看了《西遊記》後，發現唐三藏就像是一個創業者，於是你寫下了唐三藏是如何「管理」他的三個徒弟。

　　又例如，你今天忽然有感而發，想純感性地寫一些關於創業的感想，這也是沒問題的。

3. 進行第二層思考

在寫作的時候，使用本章所提到的各類思考方式，在任何素材之上建立第二層思考。

例如，你可以用過濾機制的 5 種思考方式來反思主題，或利用不同學科的思維模型來剖析「創業」這個主題，對其進行連結聯想；也可以用第一性原理來思考「創業」這個主題，並將這些思考統統寫下。

這樣，我們就能夠一次用上本章所提到的各類思考方式，並得以拓展思想的正確性、多樣性和創造性。

事實上，我還認為寫作能改變一個人的性格。在日常生活中，我們都是根據本能與習慣做出選擇、反應；而只有在寫作的時候，我們才能在本能與習慣之上進行更深刻的思考，超越單純的本能和習慣的思考，並透過反思重塑自我。

當然，我們需要經由時間的打磨，才能達到這樣的效果。

4. 持之以恆

每天針對主題進行寫作。無論你的素材是什麼，每天固定寫作半到一個小時，寫大約一千字左右，並在寫作過程中盡量多做第二層思考。

若你能持之以恆地用此方式孵化思想，那麼假以時日，你

對主題的認知會愈來愈深入、愈來愈透徹、愈來愈全面，你甚至會得以想出一些別人沒想過的東西。正如我們前面提到的「緩慢的靈感」，你的思想會逐漸完整成熟，最終在孵化器中破殼而出。

思想孵化器說白了，就是主動培養出「緩慢的靈感」，透過大量的寫作與思考來孵化創造性。

思想孵化器並不複雜，只需上面這四個步驟。但你可能還不明白，為什麼我們需要寫作？

我的答案是：因為寫作這項活動本身，不但能孵化出新思想，還能增進我們的思考能力，以及學習速度。

研究顯示，相對於一般的學習策略，以寫作做為學習工具的學生，批判性思維會得到增強，問題解決能力也會獲得提升[33][34]。有趣的是，另有研究顯示：批判性思維的增強，與個體的學習能力和效率是高度相關的[35][36]。（註：批判性思維能力愈高，就愈能做出透徹、深入、全面的思考。）

換言之，這些研究的結論要說的就是：**寫作能增進思考，思考能增進學習。**

那麼，為什麼寫作能增進思考呢？

原因也很簡單，我們大腦的工作記憶是有限的，大腦的硬體是有限制的，當你透過寫作將思考暫存在紙上，工作記憶就

能得到擴充。你能同時思考得更多、更深，你的思考也因此會在寫作中變得清晰。

另外，也只有當你將自己的思考寫下時，才能更直接地糾正自己的思考，在紙上改進你的思考。寫作本身就是一種視覺化思考的過程，能讓我們在第二層思考之上，進行第三層、第四層，甚至第十層思考。

其實，有不少人留意到了寫作帶來的好處。幾乎每個有寫作習慣的人都知道寫作能帶來不少好處。

Basecamp 創始人之一，Ruby on Rails 程式語言發明者大衛・漢森（David Heinemeier Hansson）與他的搭檔在著作《重來》裡寫道：

如果你準備在一堆人中挑出一個人來做某份工作，那就挑文章寫得最好的那個。至於他有沒有做過市場、銷售、設計、程式設計或其他什麼工作，倒並不重要。這種人的寫作才華就值得僱用。

這是因為，一個優秀的寫手，其優點並不僅僅在於寫作。文法清晰代表思路明晰。優秀的寫手都懂得如何與人溝通。他們使事情變得易於理解，他們善於換位思考，懂得抓重點、砍枝節，這些都是合格的應聘者身上應具備的特點。

如今，會寫就代表會思考。

關於寫作，城邦出版集團創辦人何飛鵬也曾在部落格裡寫過他的看法：

其實其中的關鍵只有一個，就是「寫下來」，也就是說準備一份書面資料，會使所有不明確、不精準、不嚴謹的問題一筆勾銷……

或許有人會說，寫下來這是多麼繁複的過程，我只是表達意見而已，有必要這麼麻煩嗎？我要說：第一、經過「寫下來」這個步驟，其實是一項訓練，只要你養成習慣，絕不繁複，可以很快完成。第二、「寫下來」這件事其實更是一種工作態度，代表你的慎始敬終、嚴謹小心，絕對有助於你在之前「想清楚」，在之後「說明白」，這是一個關鍵步驟，絕不能省。❸❼

而在我看來，寫作不單是能增進思考與學習的工具，還是一個孵化思想的絕佳工具：

剛開始，砍下一棵樹是不會對地球造成什麼影響的，我們很難察覺到一棵樹對地球有什麼影響。但當我們砍下愈來愈多樹之後，我們會開始察覺到地球上的一些氣候似乎有所改變。

　　如果我們不加以理會，繼續肆無忌憚地大量砍伐，那麼總有一天，砍伐對氣候造成的影響將會把我們毀滅。

　　同理，透過一天寫一篇文章的方式，將自身思考和知識注入思想孵化器之內，這並不會帶來明顯的收穫。

　　但若能堅持一段時間，你會發現自己在無形中累積了大量的成長，某個思想正在筆記本中、在大腦裡茁壯成長，某個「緩慢的靈感」正在浮出水面。

　　若能持之以恆，那麼總有一天，你會被破殼而出的新思想徹底改變。

　　寫作不但能增進思考、提升你的學習力，還能孵化思想、讓思想發展成熟，這些道理並不難理解。事實上，我認為每寫作一次，就等同於透過有深度的思考完成了一次有深度的學習；其帶來的提升，往往是具有突破性的。

　　儘管如此，僅僅是孵化思想還是不夠的，僅僅是學習與寫作也還是不夠的。對於絕大多數人來說，我們都需要將思想落實於現實，將思想兌換成真實世界的價值。如果沒有做到這一點，那麼想得多深、學得多深都沒用。

　　我們還需要再深入一層。

　　這次，我們從生活出發。

學習層次 5　活

── 第5章 ──

在生活中學習

所謂學習，就是讓我們達成某個目標的手段。

我以前是個不花時間學習的人，我在中學時期的成績很糟糕，一年裡有一半的時間都在蹺課。

出社會工作後，雖然我對工作還算上手，但空閒時間主要還是花在娛樂上，當時的我還沒養成閱讀的習慣。直到某一天，我在機緣巧合下對心理學產生了濃厚的興趣，於是每天都將業餘時間用來閱讀心理學書籍，因此養成了閱讀的習慣。

但我很快就發現書幾乎多到讀不完，這讓我迫切地想要提升自己的閱讀速度。我陸陸續續地嘗試了許多種閱讀法、學習方法、筆記法，並透過實踐將其中有用的方法內化，整合出一套自己的學習策略。

因此，一般學習者心中會有的疑問，我大多數都親身研究過。例如：如何閱讀一本書、應該怎麼做筆記、怎麼培養學習興趣、怎樣專注於學習、怎樣應用知識達成目標等等。

　　在我的經驗之中，最有效的學習策略只有一個，那就是遵循下面將說到的這個法則。

所謂高效，一石三鳥

　　每個人的時間、精力和金錢都是有限的，所以每個人都渴望「高效的方法」，亦即能以最少的成本換取最大的收穫，以最少的努力完成最多的事情。

　　但具體來說，高效的方法是什麼樣子的呢？

　　我認為，能讓你完成一件事而獲得三份收穫、用一個動作就能完成三件事情的方法，就是高效的方法。

　　當你能做到「一石三鳥」，這就是高效。

　　這聽起來有點誇張，因為常識告訴我們「一分耕耘，一分收穫」才是正確的，而「一石三鳥」並不存在現實之中。

　　但我們做個思想實驗就能明白，「一石三鳥」的確存在；我們甚至可以超過三鳥，讓「一石多鳥」的現象出現：

　　小明和小強是一對雙胞胎，他們的起點是一樣的，所擁有的時間與資源也是一樣的。唯一不同的是，小明不會去思

考如何用一份努力換取三份收穫，而是滿足於付出一份努力，能換取一份收穫的事情。例如，小明會要求自己在一天裡用 4 個小時讀一本書，獲得一份收穫。

而小強可能會花一些時間去思考，然後找到能付出一份努力換取三份收穫的著力點。例如，小強在看了本書後，意識到間隔效應、交錯效應、提取效應能增強他的記憶，因此他找到了兩本書交叉閱讀，每讀兩個小時就換一本，分成幾天來讀，並且每天抽出 15 分鐘來回想昨天讀過的東西，完成提取練習。

可見，小明的那一份努力並沒有用上任何能提升記憶的效應；而小強的學習策略，卻讓他能以同等的努力，在相同的一天 4 小時裡用上三個心理學效應來增強記憶，等同於一石三鳥。

長期下來，小強所獲得的學習效果必定會遠高於小明，他能記住的東西更多，考試成績也好上許多。如果我們照搬實驗數據的話，小強能記住的東西大約高出小明一至兩倍。

這時，不知情的人們可能會解釋道，這是因為小強的「記憶力」天生就比小明好很多；但他們又覺得這解釋不通，因為他們是雙胞胎。所以他們又解釋道，小強一定是比小明更努力、更用功。

　　但他們兩人的差別並不在於先天基因的不同，也不在於後天的努力程度不同，而僅僅是策略不同。

　　兩人的起點和條件是一樣的，付出的努力是一樣的，一切都公平得很；但從結果看起來，卻好像有過一場不公平的競爭。

　　真要說有不公平的地方的話那還是有的，就是小明和小強的資訊不對稱。小強比小明懂得更多，所以他能制訂一個不公平的策略，也就是用一份努力換取三份收穫的策略。

　　在生活中，無論是工作還是學習，要讓自己達到高效，就必須將一石三鳥當作原則，思考並主動尋找如何才更能達到這樣的效果。當然，如果你能做到一石四鳥、五鳥的話就更好，但我自己的最低標準是一石三鳥。

　　我自己常用的學習策略就堅守這個原則。從如何找書到如何做筆記，再到如何實踐知識以及改變生活，我都儘量讓動作保持最少，同時儘可能用上更多學習理論和效應。

　　事實上，接下來我們即將探討的，正是如何在現實中高效地使用本書提到的各類學習理論，將第一章到第四章的各類學習理論、技巧、效應，以及一些尚未提到的新學習理論，統統結合起來應用。

　　讓你的學習效果，產生爆發性的「魯拉帕路薩效應」。

順藤摸瓜，只讀好書

據統計，美國一年出版大約 34 萬種新書，臺灣一年出版大約 4 萬種新書，注意：這僅僅是一年之內冒出來的新書。❶

以人類的閱讀速度之慢，一個人在有生之年內，是絕對不可能看完世界上所有書的。事實上，就算只挑其中最好、最適合你的書來看，假設這種書只佔其中的 0.01%，在有限的人生裡，你還是看不完這些好書。

與巨量的書本相較之下，一個人所擁有的時間是極其稀少的。

稀少的是時間，而不是書。

因此合理且理性的做法，當然是只挑其中最好的書來看。事實上，閱讀一本好書所帶來的成長與資訊量，是平庸之書所無法比擬的。一本好書可以改變你看世界的方式，帶給你理解世界的新角度，而平庸之書通常只停留在皮毛的知識點。

但要找到一本好書並不容易。在茫茫書海之中，平庸的書佔大多數，好書是少之又少的。如果你在書海中隨機挑選一本書來讀，那這本書極有可能是本平庸之書。

那麼，怎樣才能找到好書呢？

一般人找書的方法，就是進到書店，看看暢銷書、新上架的書有哪些，和自己領域有關的書有哪些，自己感興趣的書又

有哪些，然後買一些自己「最想買」的書。

　　這方法本身沒什麼問題。去書店找書是最傳統的方法，也是假日休閒的好去處；當你有空閒時間時，這樣做實在很愉快。對於不清楚自己需要什麼書的人來說，在書店 閒逛可以讓你找到感興趣的方向，也可能會遇到意外的收穫，這是一個很好的起點。

　　但問題是，你在書局閒逛時，所要面對的是一片實體書海。你並不知道哪一本書是值得你花錢購買、花時間來閱讀的。你可能會因為標題吸睛，或暢銷榜的影響而對一本壞書或平庸之書感興趣；也可能會因為封面不搶眼而錯過一本好書。

　　更常見的是：你會因為沒有足夠資訊去辨識出一本好書，導致與好書擦身而過。

　　雖然進入書店閒逛找書會時有意外收穫，但整體來說，還是比較難找到好書的，效率並不高。

　　在我看來，有個找到好書的方法，就是使用簡單的機率推理。首先，我們可以假設，人和人之間找到好書的機率是不對等的。一個有閱讀習慣的人，他所知道的好書肯定比一個不閱讀的人多出許多；而一個閱讀更多書、更聰明、更有知識的人，他所知道的好書，又會比一般的閱讀者多出許多。

　　因此，如果我們能找到一個閱讀更多書、更聰明、更有知識的人，再按照聰明人的推薦書單來找書，簡單地「順藤摸

瓜」，找到好書的機率就更高：

　　你對金融的書籍有興趣，並在看了《黑天鵝》之後獲益良多，你知道作者塔雷伯是個值得學習的聰明人。那麼不難推斷，作者塔雷伯推薦的書很可能也適合你的品味；而且以塔雷伯的水準，他推薦的書很可能就是萬中選一的好書。

　　於是，你在網路上找到了塔雷伯的推薦書單❷，按照他的推薦查看有哪本書是你感興趣的，然後只訂購你感興趣的書。因為你知道：你欣賞的聰明人推薦的書是好書的機率，大於其他人。

　　當然，塔雷伯寫過不只一本書，你可能對他的其他著作也感興趣，於是也買下了他的另一本書《反脆弱》。因為你知道，好作者會寫出好書的機率，大於其他作者。

　　接著，你又在《反脆弱》一書中看到塔雷伯說，《損失100萬美元教會我什麼》是少數有真知灼見的金融書。於是你找到了這本書，發現書籍簡介挺吸引你的，因此你又下了單。你知道塔雷伯說的不一定都對，但他說對的機率，比一般的金融專家高。

　　在你根據塔雷伯這個人物順藤摸瓜購買的新書中，你發現他推薦的《白板》正是難得一見的好書，並在閱讀之後明白了許多關於人性的知識。你認為作者史蒂芬‧平克（Steven

Pinker）也是一個難得的聰明人，學術背景紮實且文筆出色。

於是你找到了他的其他幾本著作，其中《語言本能》和《人性中的良善天使》引起了你的興趣，於是你又買了這兩本書。

讀過平克的著作後，你認定平克是個聰明人，如果是他推薦的書，那很可能會是好書。於是你上網找到了平克的推薦書單❸，然後又從中發現了理查德・道金斯（Richard Dawkins）的經典著作《盲眼鐘錶匠》，這本書也很吸引你，所以你又下了單。

回過頭來你會發現，你竟然在不知不覺中從金融學書籍轉移到心理學書籍，然後又轉移到了生物學書籍，你在不知不覺中進行了跨領域學習。你還會發現，像塔雷伯這樣的金融大師是不會獨沽一味的，他的推薦書單裡不乏金融領域之外的書籍。你能從這個推薦書單中發現，他是如何透過其他領域的角度來看待金融學的。

而這又意味著，塔雷伯在無形中成為了指導你學習的師父。

我們前面討論過，「刻意練習」的一個重要條件，是要在重複之外有意識地挑戰「學習區」，還要有一個教練指導你該往哪裡學習、進步。

　　而順藤摸瓜的找書方式，就很有「跟著師父學習」的味道，也至少提供了一個你可以精進的方向。

　　我所讀過的半數好書，就是用這種順藤摸瓜的方式獲取的。

　　那麼另一半的好書來自哪裡呢？

　　來自我自身的經驗。隨著你的閱讀量增加，看過的好書多了，自然就會慢慢培養出「嗅出好書」的能力。這時，無論是進入書店閒逛、看博客來暢銷榜，還是上書評網站找書，你都更能從書籍簡介、網友評論中猜出一本書的好壞。

　　讀過愈多好書的人，愈可能找到其他好書；看多了好書，自然就會知道好書長什麼樣子。

　　另外，選書的時候，一個重要的標準是「好奇」、「吸引力」或「感興趣」，只有在這個前提之下，你才會有動力且求知若渴地讀完一本書。

　　當然，有時你會因為工作需求而被迫閱讀某本書；但除此之外，請儘量挑你感興趣的。

　　我發現一個有趣的事實是：與你現實生活中所渴望的需求（如：目標、夢想）息息相關的書籍，會特別容易引起你的興趣，讓你感到好奇——正是因為你有某種需求，才會對特定的書籍感興趣。

　　因此跟隨好奇心和興趣來選書不單只有效，而且簡單好用。你也可以在我的網站 4think.net 裡找到我推薦的好書。

　　順藤摸瓜的一石三鳥：高機率找到好書，跟著聰明人刻意練習，跨領域學習。

檢視閱讀，大致理解

　　現在，你的書單上應該有不少可供閱讀的好書了，但在全心投入閱讀之前，我們應該自問：該只挑這本書的其中一部分來讀呢？還是仔細地讀完全本？抑或是完全不碰？

　　這視書本的性質和內容而定。如果一本書裡只有一小部分的知識是你所需要的，那麼你只讀那一小部分就足矣；如果書裡的內容對你來說暫時不重要，也有其他更好的選擇，那麼你可以選擇暫時不碰。

　　但問題是：在開始閱讀之前，我們並不知道書裡的內容結構是什麼樣的，也很難從封面和簡介去推斷出書裡的內容結構如何，當然也就不知道是否有必要全部都去細讀。

　　我們必須對整本書的內容結構有大致的了解，才能得知自己到底要只讀一部分內容、棄讀，還是從頭讀到尾，否則我們無從判斷。

但是，怎樣才能用最低的成本對一本書的內容結構有個大致的了解呢？

經典書籍《如何閱讀一本書》裡提到了一個「檢視閱讀法」（inspectional reading），能讓你以不超過 20 分鐘的時間，對一本書的內容結構有大致的理解。其具體操作步驟如下：

1. 閱讀作者寫的序言。作者通常會在序言裡大致介紹這本書主要想討論的內容，並嘗試用最短的篇幅讓你大致理解這本書的主旨是什麼、要解決的問題是什麼。推薦序則可以略過。
2. 找到書本的目錄，大致了解一下這本書的內容結構是什麼、看看每個章節的標題是什麼。這能讓你對每個章節討論的問題有大致的了解，並知道這些標題與此書的主題有什麼關係。
3. 在目錄中挑幾個你感興趣的章節，翻到這些章節並略讀裡面的內容，亦即閱讀幾段後，再跳去另一頁閱讀幾段。
4. 隨機地翻書，東翻翻、西翻翻，讀幾段文字，然後再隨機翻到另外一頁讀幾段文字。
5. 試著以猜想的心態，透過剛才讀到的東西總結一下這本書的內容。

你可能會說：這不是速讀法嗎？這樣做有什麼好處呢？

這不是速讀法。速讀法要求你用最快的速度多看幾行字，而檢視閱讀並不要求你那樣做，而是要你進行跳讀、隨機抽樣閱讀，兩者是有很大差別的。

當我們的大腦跳讀、隨機抽樣閱讀一本書時，會對這本書的內容產生一個大致的理解，這可以看作是「格式塔組織原則」（Gestalt principles）：

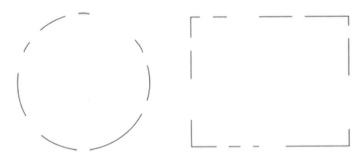

圖 5-1　格式塔組織原則示意圖。

在圖 5-1 中，我不用畫出一個完整的圓形或方形，你的大腦就會自動「腦補」並猜出圖裡有一個圓形和方形。這就是格式塔組織原則，也正是檢視閱讀能讓你對書本有個大致理解的原理。

如果你在檢視閱讀之後，發現自己似乎已經讀懂了整本書——這意味著，你要不是早已掌握了這本書的知識點，就是書裡的知識點都在你理解的相鄰可能之內，所以即使不看作者的解釋與論證，也能明白書裡的內容與觀點。

事實上，這正是為什麼有些人能在 20 分鐘裡讀懂一本書。

當一本書裡的內容如同我們對於圓形和方形那麼熟悉時，我們就無須從頭讀到尾，只須檢視閱讀就能夠讀懂。

在書海中，我們總會遇到一些內容比較淺薄（如：用一張紙就能表達清楚的概念，硬要寫成一本書），或是對你來說非常容易理解的書。面對這類書，用大約 20 分鐘來檢視閱讀就已經足以讓你搞懂，而無須進入接下來的第三步驟。然後你也能告訴你的朋友，你用 20 分鐘就能讀懂一本書。

使用檢視閱讀能讓你對內容結構有大致的理解。現在，是你真正做決定的時候了——你是已經讀懂了、只想要讀其中一部分，還是仔細地讀完全本？抑或是要棄讀呢？

我們先來談談棄讀。

Tips

檢視閱讀的一石三鳥：善用格式塔組織原則，以極少的時間大致理解或讀懂一本書，並做出更好的閱讀選擇。

果斷棄讀，沉沒成本

　　有時候，你以為你買下了一本好書，但在檢視閱讀後才發現其實是本爛書。怎麼辦呢？

　　我的答案是：如果不小心買到爛書，那就應該當機立斷棄讀此書，然後投向其他好書的懷抱。

　　你可能會覺得，既然錢都花了，就該好好讀完一本書，哪怕那是本爛書；否則這就是一種浪費。

　　但事實上，這種想法會讓你得不償失。首先，當你強迫自己從頭到尾讀完一本自己不感興趣的爛書時，你會發現自己花的時間比平常更久。因為你不再是以興趣或好奇心驅動，而是以意志力強迫自己去看書。

　　其次，強迫自己看書是痛苦的，而人是不喜歡痛苦的。當你這麼做時，並無法從閱讀中感到愉悅，你會因此而討厭看書。這會摧毀一個人的閱讀興致。

　　當然，有時候你是為了工作、學業，或某些特定的需求而必須強迫自己看書，在這種時候你只能硬著頭皮上。

　　否則，請果斷棄讀。千萬不要強迫自己去看一本無聊、無益也沒必要的爛書。

　　還有一種情況就是：你很確定手上的書是一本好書，但檢視閱讀後你才發現，這本書的內容超出了你能理解的相鄰可能。

你發現它很難理解、很晦澀、很難消化；那麼，這個時候我們應該強迫自己讀完它嗎？

我認為，你必須盡全力去理解那些你感興趣但艱難的知識，這可以讓你有更好的自我突破。如果書本的難度實在太高，讓你實在無法理解，那你可以先暫時放下此書，然後換另一本概念類似，但更容易理解的書來讀。

你對演化論感興趣，於是你讀起了達爾文的經典著作《物種起源》。這當然是一本好書，但你在檢視閱讀中發現，這本經典讀起來相當晦澀，裡面引用的例子對你來說相當陌生，這讓你很難理解。

你認為目前的自己難以看懂這本書，於是找到了另一本同樣以演化論為基礎的書籍《第三種猩猩》。這本書雖然不專門講解演化論，但談的是人類的演化歷程，這讓同屬於人類的你更容易理解「演化」二字到底是怎麼回事。

《第三種猩猩》寫得通俗易懂，讀了之後你意猶未盡，於是你又讀了《自私的基因》。這本書也是以演化論為基礎，寫得也十分易懂。在讀了《第三種猩猩》和《自私的基因》後，你對演化論有了大致的理解；這時你再回去讀《物種起源》，你會發現這次讀起來更有趣，理解過程也變得更容易了。

　　新手學習者很容易犯一個錯誤，就是無論遇上什麼書，都強迫自己從頭讀到尾，要求自己把整本書讀完。

　　還記得嗎？我們探討過，稀少的從來不是書，這世上有的是書。相比之下，真正稀少的是你的時間，你不該把時間花在無法帶來收穫的書上。

　　棄讀不代表就是浪費金錢，你只是選擇把時間用在更好、收穫更多的書上，這樣做其實是省下了金錢才對。

　　棄讀不意味著做事虎頭蛇尾、內心不夠堅強，你只是策略性地轉換到更好的跑道而已。

　　著名經濟學家泰勒・科文（Tyler Cowen）將棄讀做得更甚，他每讀十本書，只會有一本是從頭到尾讀完的，其他的只要「不喜歡」、「沒興趣」就棄讀❹。

　　因為對這位經濟學家來說，買下的書都是「沉沒成本」（Sunk Cost）。讀完那些「不喜歡的書」並不會讓他取回沉沒的成本，反而會喪失更多的成本；因為他原可以將時間用來閱讀更好的書，以獲取更大的收益。從經濟學的角度看來，懂得棄讀才是理性的。

　　這乍聽之下實在有夠「始亂終棄」，有些愛書之人會站出來反對，你可能也會反對。這感覺還是太浪費，你無法接受。但你必須意識到：浪費書籍永遠比浪費時間來得划算。

　　愛書之人會說「棄讀」是不尊重書籍，愛時間的人會說「勉

強自己閱讀」是不尊敬生命。我首先是愛時間、愛生命的人，然後才是愛書的人。

況且，棄讀未必是以後都不讀，你只是知道目前還不需要它，但未來你可能會再次打開它。你把書放在你的書架上，它會在那裡靜靜地躺著。你知道當自己遇到某些問題時，你可以隨時找到它，而它將能幫助你解決問題。

還有一種情況，就是書本主題很吸引人、前面的內容很吸引人，但讀到愈後面，感覺就愈無味、無趣、沒營養——考慮到機會成本，這時你也應該果斷棄讀。

換言之，棄讀可以發生在任何時候。只要你認為自己的時間應該放在更好的書上，你就儘管棄讀。

如果你不打算棄讀，你覺得手上這本書很吸引你，覺得它有深度、有價值，你想好好讀懂它——那麼，請開始慢讀。

Tips ● ● ● ● ● ● ● ● ● ● ● ● ●

果斷棄讀的一石三鳥：維護閱讀興致興趣，理性棄讀方能善用時間，轉換閱讀策略來攻克晦澀好書。

沉浸慢讀，思緒自由

如果你決定要讀一本書，那麼我們的目標就只有一個：儘可能從書裡得到最多收穫。

而要達到這個目標，我們就得「慢讀」。

慢讀有兩層意思，第一層意思是「沉浸閱讀」——用從頭讀到尾的方式來閱讀，跟隨著作者的思路逐字閱讀，**用舒服的速度來品味作者的文字、意思，儘可能讓自己沉浸在內容裡。**

學習專家斯科特・揚（就是第二章裡提到的，發明費曼技巧的那位）就曾在他的讀書會裡談到，他讀書的方式就是最普通的從頭讀到尾❺。我自己也在嘗試了各種閱讀方式後，發現這種普通的方式最能讓我讀懂一本書。

為什麼呢？

因為沉浸閱讀能讓你一次達到「理解力最大化」的前三個條件。

首先，一本好書的作者通常從基礎說起，從低到高地費心解釋、論證。這其實就是為了打通你的相鄰可能，牽引你漸入佳境。

因此，當你隨作者的思路來閱讀時，他將會一層層地帶領你由淺入深，打開一扇又一扇的知識之門，直到進入他最核心的思想（但願你有在閱讀本書體驗到這個過程）。作者還會帶

你用不同的角度來理解書中的知識點。

其次，只有當你在慢讀的時候，你的大腦才能夠沉浸在內容中，也才會在閱讀的時候產生想像。當作者的故事和案例裡提到某個生活情節時，你會自然地想像出類似的情節；如果出現這種現象，那是很好的徵兆。這意味著你正使用自然頻率來理解作者的意思，這能促進理解。

其三，慢讀要求你用舒適的速度來閱讀。這意味著你能在閱讀中感到放鬆，而放鬆又有利於啟動你大腦的發散模式。我們曾討論過，發散模式會讓你更容易對知識產生正確的理解與新理解。事實上，發散模式也被稱為「創意模式」，你會因此產生更多的新創意、新想法❻。

慢讀不僅能讓你理解得更好，而且還能讓你記得更久。

我們在第一章中曾提到，間隔學習（分幾天閱讀）會比集中學習（在一天讀完）令人記得更久。在平常需要上班的情況下，能一週讀懂一本內容紮實的好書（而不是內容淺薄的書）是一項很不錯的成就，比爾‧蓋茲就是這個速度。

事實上，我覺得如果能一個月讀懂一本內容紮實的好書，也已經是很好的成績了。我以前就是這個速度，一年大約 12 本書；但隨著閱讀量增加，閱讀速度也跟著增加，才有了現在的「一週讀懂一本書」。

值得注意的是，慢讀雖然要求你逐字地、沉浸地從頭讀到

尾，但並不要求你一定得堅持這麼做。你可以維持彈性，你有極大的自由度。

　　這就要說到慢讀的第二層意思——「思緒自由」。如果你在閱讀途中產生一些新想法、新思考，你可以中止閱讀，先專注在思考之上，讓自己天馬行空一下。如果你有必要停下來想一想內容的意思，就可以這麼做。

　　「思緒自由」和「沉浸閱讀」聽起來是矛盾的，因為思緒自由意味著你可以跳出書中的內容，去思考書本之外的事情，而這會中止沉浸閱讀。但看起來矛盾的論述，其實並不矛盾，正如駕駛汽車一樣，我們不只需要進檔，還需要退檔，才能安全到達目的地。進檔和退檔是矛盾的，但我們同時需要兩者。

　　閱讀也如汽車換檔一樣。在閱讀開始時，你應該先進行沉浸閱讀，這樣你才能更充分理解知識。而在這途中，你難免會產生新聯想、新想法，你會遇到需要停下來仔細思考的地方。這時你就應該換檔，將注意力從書本轉移到自身的思考與想法上。

　　我們在第四章總結的一個重要結論，就是「思考是最好的學習方式」。**而思緒自由，說白了就是鼓勵你在閱讀中隨時轉換成思考。**

　　你若在閱讀的過程中產生自己的想法、洞見和觀點。這時你就應該將書本放下專心思考，然後將想法寫在筆記本裡；或

者乾脆以最快的方式，將想法寫在書中空白處，然後才繼續閱讀。

思緒自由也意味著你可以選擇性地跳讀。例如，當你遇到一直在重複同一個概念的嘮叨作者時，你就應該跳過該處進入下一個知識點，以節省時間。

遇到已經掌握的概念可以跳過、遇到重複同一個概念的故事案例可以跳過，遇到不感興趣的知識點可以跳過，甚至有些細節也可以選擇性跳過。

例如，我在閱讀《大演算》這本書時，雖然也採用慢讀法，但從頭到尾都只閱讀那些我感興趣的知識點；一旦作者寫到人工智慧的具體演算與細節時，我就跳過。我並沒打算學習如何編寫人工智慧演算法，也不認為自己在短期之內會用到這些知識，所以我選擇跳過。

通常，這不會影響我對整體思想的理解，但卻可以節省大量時間。正如物理科普作家會在自己的著作說：「這個方程式你不用看懂，它不會妨礙你理解本書的內容。」（當然，如果我決定學習編寫人工智慧演算法，那或許會讓我獲得更多前面提到的跨學科用處。）

有時作者對知識點的描述會不夠清晰，這時你就可以放下書本，自行想像一個思想實驗或故事來理解作者的意思。例如，當你閱讀經濟學的書籍時，如果內容提到了某個經濟規律，你

就可以想像自己是一位賣咖哩飯的小販，在經營生意的過程中會怎麼遇到這個經濟定律。你可以想像該知識點在真實世界裡運作是什麼樣子，主動使用自然頻率來加深對知識的理解。

總之，我們可以把「沉浸閱讀」和「思緒自由」交換使用，在理解時思考知識，在思考時理解知識。

這樣的慢讀，除了會有上面列舉的好處之外，還可以讓你更能辨識出錯誤的知識。

一本書中的觀點和結論不一定都對，如果你只看結論而不看作者的論證的話，是無法找到作者的謬誤的。反之，只有當你沉浸閱讀，隨著作者的思路與論證緩慢前行時，你才會對內容觀點和結論的正確性有個判斷。你也可以在閱讀的途中跳出來，換檔到「過濾機制」，以檢驗知識的正確性。

有時，我們會書中的某些知識點很感興趣，但作者只是輕輕帶過，這讓你無法從書中搞懂這個知識點。這時你就應該先滿足你的好奇心，上網去搜尋該知識點的相關資料來看，換檔到自由思緒上，務必把知識點搞清楚。

這雖然又會打斷沉浸閱讀的過程，但卻會讓你更能理解作者後續要說的東西。另一個好處是：這往往能讓你找到與作者不一樣的觀點，對主題有更加全面的理解。

有人或許會說，在沉浸閱讀和思緒自由之間來回換檔，實質上就是學習不專心、學習分心，這不就成了個壞習慣嗎？

是的。但一定程度、不過量的分心卻是對學習有益的。

有項實驗的結論很有趣。實驗顯示，比起能夠安心專注的個體，那些受到實驗人員干擾、有一定程度分心的個體，會表現出更強的創造力❼。換言之，一定程度的分心，能讓你在學習中產生更多的思考與想法。這雖然有違直覺，但卻是事實。馬來西亞知名作家、藏書上萬的江健勇，也自稱常用「分心閱讀法」來提升自身的學習洞見。

但值得注意的是：過量、不恰當的分心是會有反效果的——如果你一邊瀏覽社群網站一邊閱讀，那麼你的注意力會完全抽離到社群網站上，這會大大降低你的學習效率。

綜合上述，慢讀聽起來很慢，但其實是一種高速的學習。

它的高速不是體現在「看字的速度」，而是體現在知識的吸收率，以及知識的轉化率上。

沉浸慢讀，你才能更充分、更深刻地吸收知識。

思緒自由，你才能將吸收到的知識，轉化成自己的想法。

慢讀的一石六鳥：同時滿足理解力最大化的三個條件，兼容創造力和正確性的拓展，並且有助於間隔學習。

加工知識，三階筆記

　　許多人只讀書而不做筆記，或懶得做筆記。有些人則會做筆記，但都是「一招打天下」，用一種筆記法來應付每一次的閱讀。

　　但若你想在閱讀中獲取比一般人多出數倍的收穫，那做筆記不僅必要，而且還得做三種階段的筆記。

　　在我看來，讀一本書至少要做至少一次筆記；如果是難得的好書，則需要做三階筆記。

　　先談第一階「記錄」，其標準只有一個：

　　只記錄你想記下來的素材、知識點、想法、洞見，除此之外無他。

　　因此，「記錄」的方式愈簡單愈好，簡單到幾乎沒有技術含量最好，具體操作如下：

1. 在開始慢讀前，打開電腦的筆記軟體如 OneNote、Evernote（如果你喜歡手寫，那就是打開實體筆記本）。
2. 在筆記中新增一個頁面，在頁面主題寫下書名。
3. 在慢讀的過程中，將那些你感興趣的、震撼的、反常識的、發人深省的、有趣的、過癮的、務實的、重要的內容，以及你在慢讀中產生的新想法、新思考——總之是任何你希望自

己能記下來的內容，用自己的敘述方式精簡地轉述到筆記裡，
然後在寫完的段落下方標上該內容在書裡出現的頁數。

4. 按照章節排列你記錄的資訊，並以你自己的理解來為章節重
新命名。

以下是我對《給予》（Give and Take）一書做的部分筆記，
從第一章到第三章，供各位讀者參考（你無須理解以下參考範
例的文字內容，只須參考格式）：

給予 Give And Take

Sunday, September 17, 2017　　4:44 PM

第一章-成也付出，敗也付出

每個人在面對不同的場合，不同的人，會用不同的付出、獲取和互利策略
Loc147

經常在工作的場合鼓勵競爭的話，那麼大多數人就會傾向於使用互利策略
Loc440

在最成功的人之中，付出者佔的比例更大，但在墊底的人之中，付出者的比例也更大
Loc156

第二章-找出假裝付出的人 & 弱關係的強大

面對獲取者，我們會用分享資訊的方式（講壞話）懲罰他
Loc664

獲取者通常會用「我」而不是「我們」，喜歡炫耀，喜歡把自己的照片放大
Loc704

弱關係比強關係更能提供有價值的訊息
Loc878
Loc932

付出行為是可以傳染的
Loc1037

付出者的地位最高，效率最高，但也有墊底
Loc1063

第三章-付出者更容易獲得想法的支持

比較自我的人創造力也比較高
Loc1182

付出者在提出意見（叛逆意見）時，會受到更多人的支持
Loc1402

圖 5-2　我在 OneNote 做的第一階閱讀筆記截圖（Loc 是電子書的
　　　　頁面單位）。

為不重要的內容，只留下重要的重點，也就是書中的「精華」所在。

但只留下精華還不夠，你還需要從筆記裡篩選出你覺得最重要、最有代表性的重點，也就是「精華中的精華」。具體做法可以用紅字在 OneNote 裡將「精華中的精華」特別標註出來（見圖 5-3 框起來處）。

給予 Give And Take
Sunday, September 17, 2017　　4:44 PM

第一章-成也付出，敗也付出

每個人在面對不同的場合，不同的人，會用不同的付出、獲取和互利策略
Loc147

經常在工作的場合鼓勵競爭的話，那麼大多數人就會傾向於使用互利策略
Loc440

在最成功的人之中，付出者佔的比例更大，但在墊底的人之中，付出者的比例也更大
Loc156

第二章-找出假裝付出的人 & 弱關係的強大

面對獲取者，我們會用分享資訊的方式（講壞話）懲罰他
Loc664

獲取者通常會用「我」而不是「我們」，喜歡炫耀，喜歡把自己的照片放大
Loc704

弱關係比強關係更能提供有價值的訊息
Loc878
Loc932

付出行為是可以傳染的
Loc1037

付出者的地位最高，效率最高，但也有墊底
Loc1063

第三章-付出者更容易獲得想法的支持

比較自我的人創造力也比較高
Loc1182

付出者在提出意見（叛逆意見）時，會受到更多人的支持
Loc1402

圖 5-3　第一階閱讀筆記載圖 2。

　　這有助於回顧筆記時一目瞭然。如果需要回顧內容細節的話，你可以從寫下的頁數查詢內容細節，而無須將內容照抄到筆記本上。這比單純在書上摺頁、劃線更方便。而且這些「精華中的精華」會在接下來的第二階筆記裡用到。

　　第二階筆記是「排列」，亦即進行視覺化思考以及排列知識，在紙上畫圖。先思考「精華中的精華」之間有何聯繫，然後再判斷要製作心智圖、概念圖、三力圖，或者隨性排列。

　　前面有提到，不同排列有著不同作用——心智圖能幫助你歸類知識；概念圖可以仔細地表達出知識之間的關係；三力圖能簡化複雜的內容、知識或思想，帶來更清晰的理解。

　　具體的畫圖方式我們在第三章已經討論過，我相信有不少人也嘗試過心智圖，有一定的排列知識經驗，這裡就不再多說。這裡只提醒一句：排列知識是為了將你的舊知和新知用某種方式串聯起來，形成一個整體。

　　在排列的過程中，你可能會不時會回到筆記本或書本查看內容，這是沒問題的。

　　「排列」筆記不會花你太長時間，通常能在 10 ～ 20 分鐘之內完成。在排列知識的時候，你會產生一些新想法、新理解或新洞見，這時你可以回到「記錄」筆記裡寫下這些想法。這些想法會成為思想孵化器的養分，會在待會的第三階筆記用到。

　　但由於第三階筆記的難度較高，費時也較長；因此在此之前，你需要再做一次決定：「眼前這本書值得我花更多的時間去做深入的筆記嗎？」

　　如果答案是 No，那麼只是做到記錄或排列就行，你可以將時間轉移到其他書籍上。

　　如果答案是 Yes，再開始進行第三階筆記——「加工」。簡單來說，就是透過撰寫文章的方式，對所學的知識進行更深入的思考，讓大腦對知識進行加工，分成三個步驟。

　　第一個步驟，使用費曼技巧，亦即用你自己的語言，（在任何媒介上）精簡地寫下你對這本書的理解。試著解釋這本書的精華內容，用作者的角度來看待問題，嘗試創作自己的故事、思想實驗、比喻來說明這些知識，以期達到 5 歲小孩都能明白的效果。

　　在這過程中，你可能會發現自己遺漏了一些東西，也可能會想要回去參考書中內容。這時，你要暫時打住這種想法，儘量憑記憶寫完自己的理解後，才回去參考書裡的內容，然後再補充到文章裡。這能讓你一併完成透徹理解、提取練習和交錯練習，同時增進理解和記憶。

　　第二個步驟，在費曼技巧的文末繼續寫下你的第二層思考。這可以是加入過濾機制、聯想思考、跨領域的分析，也可以是

單純的加入你自己的感想、看法、見解、思考和洞見。

完成這兩個步驟，就等同於完成了一篇文章的草稿。

第三個步驟，對草稿進行修改、補充、加強，這就等於在進行第三層思考。你可以反覆修改多次，直到你覺得文章的條理清晰、邏輯嚴謹、通俗易懂為止。

完成三個步驟之後，你可以將文章添加到「思想孵化器」的文件夾或筆記本裡。

在「加工知識」的過程中，儘量以流暢、放鬆的心態把想到的東西全都寫下來，不要給自己太大壓力，多熟悉幾次之後就會慢慢進步的。

完成之後，你可以將你的文章拿給你的朋友們閱讀，請他們給你回饋，這有助於你更加理解自己的思考。你也可以發表在網路上，或是選擇留給自己看就好。

第三階筆記需要花費的時間因人而異，也因書本的內容而異，短至半小時、長到數小時都有可能。因為理論上，你可以不限次數的修改文章，不斷進行更深一層的思考。

三階筆記看起來比較複雜、麻煩（尤其是加工），但只要你下定決心嘗試一次，就能感受到它帶來的學習效果與成長，是單純閱讀所無法比擬的。

正是因為三階筆記做起來麻煩、困難，所以能深度學習與

思考的人是少數，有所突破的人也會是少數。

　　臺灣著名作家劉墉曾分享，當他有什麼特別想法或概念時，會先寫在一張紙條上；接著將紙條裡的概念拓展成散文，散文再集結成書。思想漸趨成熟，接著便能著作等身。

Tips

「**記錄**」筆記的一石三鳥：篩選書中精華、記錄重要知識、方便回顧書中概要。

「**排列**」筆記的一石三鳥：視覺化思考，排列知識以達到全局的理解，主動對大腦的認知重新佈線。

「**加工**」筆記的一石八鳥：提取練習、交錯練習、費曼技巧、視覺化思考、過濾機制、多元思維、深度思考、思想孵化器。

多重切入，深度貫通

　　當我們要判斷一個蘋果有沒有瑕疵時，我們必須檢查它的正面、背面、上面、下面、左右兩側，然後切成四份檢裡面面，

才能確定蘋果有沒有瑕疵。

同理，你對某個主題的所知到底有無瑕疵，也得從多個角度切入才能得知。世界是複雜且多元的，我們很難從一本書裡獲得全面的知識，一本書通常只代表了一位作者的所知與思考角度。

這時，最自然的行動就像是檢查蘋果一樣，主動去尋找其他可以切入主題的角度，例如：其他的書籍與人物。你可能會找到幾本討論相關話題的書籍，這些書籍會針對同一個問題表達不同的觀點。用不同的角度去切入同一個主題，你才能達到深度貫通。

例如，在有關「人類理性」的主題裡，認知心理學就至少有 4 種不同的主流心理學流派❽（還不包括那些冷門的觀點），還能從社會心理學、演化心理學、生物學、神經科學、經濟學、數學、電腦科學等多個領域對「人類理性」提供切入點。

這樣加總起來的話，單單是「人類理性」這一主題就已經有成千上萬本書可供你閱讀；如果只看好書，那保守估計也有幾百本、上千本。

當然，書籍之間畢竟會有重複或重疊的資訊，因此你可能只需讀幾十本相關的好書，就能對人類理性有遠超越一般人的深度貫通理解。

而當你這麼做的時候，各種不同的觀點會在你的腦袋裡迫

使你對該主題編織出一個更多樣、更深刻、更全面的知識網，
建立起蒙格所說的多元思維模型，也會因為知識的多元而得以
提升創造力。

　　那麼，怎樣才能找到一個主題的相關好書來讀呢？

　　答案是：順藤摸瓜。

　　從找到一本好書開始，對它進行深度閱讀、思考加工之後，
再從作者未能回答的問題，或作者遺漏的觀點出發，找到下一
本你應該要閱讀的好書。找到能讓你再往深處前進、能填補認
知漏洞的好書，再閱讀。

　　再重複。

Tips

　　深度貫通的一石三鳥：編織與拓展知識網，多元思維模
型，多樣性帶來的創造力。

清晰問題，速讀之用

　　前面我已經說過了不少速讀的壞話，但速讀是否真的一無

所用呢？

　　當然不是。只要在正確的情況下使用，速讀法也能是一個很好的學習法。而要理解接下來我們要討論的速讀法之前，我們需要先做個思想實驗：

　　今晚你想準備義大利麵當晚餐，但家裡的義大利麵已經用完了，於是你決定到附近新開張的大型超市購買。由於今天你非常趕時間，你打算以最快速度找到義大利麵後付錢離開，你心想這過程前後應該不會花超過 10 分鐘。

　　事實比你所料想的更好一些。你在到達超市後，只用了 5 分鐘就找到義大利麵並付錢離開了。

　　當你走出超市後，在門口站著的一位工作人員向你詢問問題，你看一看手錶發現還有多餘的 5 分鐘，於是答應回答問題。

　　你發現，工作人員問的問題雖然都很簡單，但你卻都答不上來。例如：超市的貨架是什麼顏色的？貨架上的快煮麵的品牌有哪些？你是否發現酒精類商品在大促銷？

　　你告訴他你完全沒有留意到這些事物、細節，因為你在趕時間，你只想要買完義大利麵就離開。

　　工作人員接著要求你說說你到底留意到了什麼商品？你告訴工作人員，你能憑經驗推斷還有哪些主流品牌的日常用

品在超市裡，但他堅持只想知道你剛才親身留意到的商品。結果，除了手上的義大利麵之外，你勉強靠模糊的印象舉出了 2 ～ 3 個商品的名稱。

回到家後，你還在思考工作人員的提問。你粗略地計算，一般的大型超市平均有 4 萬種商品（你從 Google 知道的）；假設你剛才只經過了超市裡 10% 左右的空間，眼睛只掃描了這片空間的 10% 商品，那應該也有大概 400 種商品曾被你「看見」過。

但真正被你注意到的商品呢？可以肯定的是，你注意到了你要買的義大利麵，以及你猶豫的另外兩個義大利麵品牌；除此之外，你的記憶非常模糊。

你知道，如果你的購物清單上還有其他商品，那麼你應該還會注意到這幾款商品。而如果你是用休閒的心態隨意瀏覽，那麼你可能會看到另外一些能勾起你興趣的商品。

但如果你很趕時間，並且要購買的商品和品牌都很明確，那麼你能確保自己注意到的商品，就只有購物清單裡的幾項商品了。

速讀其實就像上面的思想實驗一樣。

在趕時間的條件下，在目不暇給的超市裡，你只能確保自己注意到你想注意到的商品；在高速閱讀的條件下，面對訊息

和文字滿滿的書籍，你只能確保自己留意到你想留意到的訊息。

這是速讀法的限制，也是速讀法的正確用途。

速讀法和趕時間的購物一樣，「**只專注在想找的內容，忽略其他所有內容」是這個計劃的本質與核心」**，也是在趕時間或省時間的前提下完成任務的必要方法。

我們知道，當心裡有問題需要被解答時，讀書人會到書裡尋索答案。通常，這些問題是很明確的，例如：我該怎麼進一步提升行銷能力？寫出一個劇本的具體步驟有哪些？演員該有的自我修養有哪些？

面對這種具體問題時，你往往能快速地從書海裡找到各種不同的問題解決方案：要增進行銷能力可以看《暢銷的原理》；要寫出劇本可以看《故事的解剖》；要提升演技可以看《演員的自我修養》。

當你心中的那個問題很明確的時候，你就可以試著用速讀法閱讀書籍，因為你的目標和想解決的問題都很明確，因此你可以「專注在想找的內容，忽略其他所有內容」。

詳細的說，速讀可參考的比喻和步驟如下，它與市面上其他的速讀法有些不同：

第一步，搞清楚任務目標。

　　假設你心裡的問題是「寫出一個劇本的具體步驟有哪些？」而且打算速讀《故事的解剖》這本書，以尋找解答方案。

　　那麼在開始前，就要在心裡告訴自己：你閱讀這本書的目的是解答「寫出一個劇本的具體步驟有哪些？」這個問題，**所有與該問題無關的資訊都可以忽略。**

　　你的目標不是完整地理解這本書，而是它其解答特定問題。

第二步，製作購物清單。

　　翻開《故事的解剖》的目錄，用筆在你覺得應該列入清單的內容打勾，否則打叉。如：

　　a. 在與目標問題無關的內容標題（包括小標題，下同）上打叉。

　　b. 在與目標問題相關的內容標題上打勾。

　　c. 在你「不確定／不知道」的內容標題上打勾。

　　d. 在你已經掌握，且與目標問題相關的內容標題上打個星號。

　　這就成了一個簡單清晰的購物（閱讀）清單，而且還有商品位置。

第三步,快速移動到商品的對應位置,比較商品價格,並只專注於清單商品上。

從清單上第一個打勾的標題開始速讀。

要讓速讀的速度達到最快,就得時刻緊繃神經,讓注意力只專注在一個點上(亦即目標問題)。

在閱讀時一目十行也沒問題,快速跳讀也沒問題。但一旦注意到義大利麵(與目標問題相關的資訊),就得放慢腳步細讀,確保自己有好好理解該知識與資訊。

第四步,將商品加入到購物車。

事前準備好一張白紙,在速讀時將所有你學習到、與目標問題相關的資訊,用最快的速度及自己所理解的方式逐一寫在紙上。

第五步,結帳。

將書本翻回到目錄,在心裡對你剛剛新掌握的內容,以及事前掌握的內容(亦即那些在第二步驟打上星號的標題內容)進行粗略的重點回顧與回想。

　　拿出另一張新的白紙，在紙張的最上方寫下目標問題。想像你眼前有個 5 歲的小孩（或純粹是外行的成人）正在問你這道問題，然後在紙張空白處寫下你對這個問題的答案。

　　視問題的性質不同，你也可以用視覺化思考的手段完成答案。

　　以上就是速讀法的正確使用方式之一。這個方式與其他速讀法有幾個不同之處，以及上面沒提到的使用條件：

1. 它要求你對目標問題有一定的了解，並對該領域有一定程度的掌握。如果你是個全然的門外漢，那麼是很難從速讀法中獲益的（主要是因為欠缺前提知識的關係），你應該使用的閱讀方式是慢讀。

   簡而言之，如果你不知道義大利麵長什麼樣子、屬於哪個部門的話，你就很難在超市裡找到它。除非你有很多時間。

2. 它要求你一次只專注於一個問題，這能有效避免速讀帶來的工作記憶超載。

   市面上的速讀法並不要求這一點，他們要求讀者透過速讀完全掌握一本書，這在一些資訊量較少或你已經非常熟悉的書籍上是可行的。

   但如果這本書的討論範圍極廣，那麼速讀就會造成工作記憶

超載，讓大腦覺得該書不知所云，乃至一無所獲。

3. 上面介紹的速讀法並沒有特定的時間限制，因為每一本書的深厚不同，你的了解程度不同、閱讀清單的數量不同，也就需要不同時間完成。

當然，你可以自行設定在速讀 20 分鐘之內讀完幾個章節，然後休息 10 分鐘再繼續速讀。我說的是整體時間並無限制。

4. 欲速則不達。速讀是為了在追求省時的前提下完成有限的學習任務，是為了讓學習更有效。

為了追求速度而不顧理解、不顧學習品質的盲目學習，則是本末倒置的，也註定是低效的。

Tips

速讀法的一石三鳥：適合需要現學現賣的學習與工作環境，提取練習、費曼技巧和視覺化思考的另一種實踐方式。

忙裡偷學，最小努力

現代生活裡的一大學習困境，就是要完成的事情太多，能用於學習的時間太少。而我給忙碌人的學習建議有二：

第一個建議是「忙裡偷學」，第二個建議是「最小努力」。先談第一個建議。

腦神經科學家發現，人的大腦其實是無法一心二用的，當你專注地做一件事情時，就很難把專注力放在第二件事情上。

這個結論乍聽之下是正確的，但卻似乎與我們的經驗不符——因為你我都曾試過一心二用，例如：一邊用餐、一邊聊天；一邊開車、一邊聽收音機。

那麼，是腦神經科學家的結論錯了嗎？

非也。腦神經科學家會說，一邊用餐、一邊聊天之所以可行，那是因為你的注意力根本沒有放在用餐上，而是放在了聊天上——用餐的一系列行為和動作並不需要你的注意力參與（無須你的前額葉皮層參與）。像用餐和開車這些你已經駕輕就熟的習慣，或是無須意識參與就能完成的任務，是由另外一部分腦區域（主要是紋狀體）負責的。❾

而這意味著，大腦確實可以同時處理多項任務，但我們的注意力始終只能專注在一個點（單項任務）上，其他任務則會交給其他腦部區域處理。

換言之，一心能否多用，取決於所做之事為何。如果其中一項任務是我們已經駕輕就熟的習慣，我們就能騰出注意力去處理另一項任務。

理解了這一點後，我們再思考「如何在忙碌的生活裡學習？」這個問題就會豁然開朗了：

任何你日常生活裡的習慣時間、做例行公事的時間，都可以是你的學習時間。

開車、通勤、化妝、洗澡、用餐，甚至是上班時間（如果你做的事情是比較重複性，無須思考、無須注意力參與的工作），都可以是你的學習時間。

但要怎樣在做著以上事情的同時學習呢？

答案是：聽書／聽課。

這對有經驗的學習者來說，當然不是什麼獨特的創見，但卻是給忙碌人的最佳學習建議。

如果行事曆都排滿了，那就試著用一份時間完成兩項任務——在身體能自動化、習慣性地完成的任務上，都能騰出你的耳朵與注意力。一般人多數會在這時候聽音樂或電臺，而勤奮的學習者則會選擇在這時候聽書或聽課。

關於聽書，比較有名的中文網站或 App 有喜馬拉雅 FM、得到、YouTube。英文則有 Blinkist、亞馬遜有聲書。

關於聽課，YouTube 和各大線上課程網站都有豐富的資源。知性演講如 TED Talks 也可以是很好的學習平臺。

在聽書或聽課時，可以準備筆記本或白紙，隨時將聽到的知識重點簡單記下，方便隨後整理成筆記。

當然，許多聽書或聽課的資源都只是說個大概，內容並不如原書或原課程那般豐富全面；你可以將這些學習時間當作是完成檢視閱讀，等有機會再細讀原書、聽原課。換句話說，聽書的效果比不上親自閱讀、理解與輸出，因此應被視為次優（但優於不學習）的學習方式。

我給忙碌人的第二個學習建議是「最小努力」。

所謂最小努力，就是那些再忙都會盡努力完成的小事情。例如，一天至少會吃一頓飯、一天至少洗一次澡，一天至少刷一次牙等等。

沒錯，我想給的建議就是：將學習也變成你日常的最小努力事件，甚至變成一種習慣，一天不做就會渾身不自在的習慣。

千萬別小看最小努力的效果。如果一天只讀 10 頁書，那麼不到一個月的時間就能讀完一本書（書本的頁數一般落在 280 頁左右）；如果一天能讀 20 頁書，那麼一個月就能讀完一本 600 頁的大部頭書籍，或兩本中等頁數的書。加總起來，一年讀完 12 本書當然沒問題。12 本也剛好是我們在「慢讀」的部分裡提到的數目。

　　當然，對部分學習者來說，一天讀 20 頁可能會太多。沒關係，你可以從一天讀 2 頁開始，然後每隔兩天再增加 2 頁，亦即總共 4 頁；然後隔兩天再增加為 6 頁，以此類推，直到你一天能讀至少 20 頁或更多為止。

　　這方法能幫助你培養每天閱讀的習慣。行為科學家的研究指出，從能輕易完成的目標（一天 2 頁）開始漸進式增加難度，就能增加養成習慣的成功率。❿

　　最後，若能把學習時間安排在日常已有的習慣之間會有更好的效果。例如，如果你每晚都會在刷完牙後睡覺，就將閱讀時間設定在刷牙完睡覺前；如果你每天都要先吃早餐後再通勤上班，那就在吃完早餐後打開聽課的音頻，然後通勤上班。

　　堅持學習一兩年後，忙碌人會開始發現：這是他們培養過最好的習慣。

Tips

忙裡偷學的一石四鳥：兼顧日常任務與學習，檢視閱讀的替代方案，課程和知性演講能增添學習的多樣性，記憶力的變動效應。

最小努力的一石三鳥：慢讀的實踐策略之一，間隔學習，容易持之以恆。

多環模式，認知迭代

　　一般的學習者會認為，學習就是單純的對腦袋輸入知識。比較有經驗的學習者會知道，學習不只是要輸入知識，更重要的是輸出知識。

　　而真正理解學習的本質者會說，學習是輸入和輸出兩者的循環：**用輸出整理輸入，用輸入改善輸出。**

　　當然，這樣說還是很抽象、很玄，我換個例子你就能明了——我們來談談什麼是多環模式學習。

　　所謂多環模式，就是由多個單環組成的學習模式。

　　那單環模式又是什麼呢？

　　以設計師為例，當一位設計師只學習設計美學，並只用設計美學的角度來檢視、學習、應用知識時，他就是在實踐單環模式。

　　那什麼是雙環模式呢？

　　當這位設計師不只是用單一領域的角度（設計美學）來看待、學習知識，也使用了第二領域的角度（如工程的角度）來重新檢視已知的知識時，他就是在實踐雙環模式。

　　你可能已經猜到了，雙環模式是跨領域思考的一種思維模式：

　　當你用工程的角度來看待設計美學時，你考量的不再只侷限於美觀，也考量到了做出實體的可能性；當你用設計美學的角度看待工程時，你考量的不再只侷限於「安全地做出成品」，也考量到了成品整體的美觀性。

　　就像一個不停循環的∞符號，你的思緒從第一個環看向第二個環，然後從第二個環的角度看回到第一個環，這就是雙環模式。

新知

已知

圖 5-3　雙循環模式。

　　我們在第三章已經討論過，相互連接的知識並不是單純的價值相加，而是具有 1+1≥2 的湧現新價值的效果，能產生出新知。我們也在第四章談到了蒙格提出的魯拉帕路薩效應，將不同的知識用在同一個方向上，更能把事情推向如你所願的結果。

雙環學習模式，就是另一個實踐以上思想的思維模式。

當然，現實世界的結構不可能只有雙環這麼簡單。在對雙環駕輕就熟後，你的思緒可能會在雙環裡破框而出，進入第三個環。例如，從經濟學的角度看待設計美學與工程，你會去考量選擇什麼材料才能夠負擔得起、什麼樣的需求才是你應該專注的。

以此類推，還會有第四個環、第五個環……等等，變成多環模式。

那麼，這就是多環模式的全部意思了嗎？

非也。多環模式帶來的跨領域思考只是其中一層意思，其中一種應用而已。

多環模式的另一種意思、應用，是「認知迭代」。

先說一個故事吧：

德瑞克・席佛斯（Dereck Sivers）是著名音樂商 CD Baby 的創始人。他花了多年時間學習唱片行業的相關知識，他是銷售 CD 的專家，從 1997 年公司創立開始，他一直做得很好。

但隨著時代變遷，音樂的載體從 CD 逐漸過渡到純電子格式，實體 CD 的發行量逐漸出現下滑的趨勢。席佛斯對這種轉變感到不以為然，他依然用著舊有認知和知識經營事

業。他賣了那麼多年 CD，他是唱片行業的專家，他只知道用一種方法銷售音樂，他無法想像有其他銷售音樂的管道。

直到 2007 年的某天，他才猛然地發現自己快鑄成大錯，於是果斷將公司賣出。後來，他在總結這段經驗時寫道：

十年以來，我是如此的沉浸在我自己的領域之中，以至於我只看得見自己的小世界。我在 90 年代學習了大量音樂商業的知識，多年以來都像專家那樣地談論著這些知識；直到我忽然意識到世界改變了，而我所擁有的專業知識已不再是正確的。

這位企業家將自己的後知後覺，歸咎於自己欠缺了一個動作，那就是「認知迭代」。

所謂「認知迭代」，就是讓自身的知識與認知推陳出新，淘汰舊有的、過時的認知與知識（unlearning），引入新的。

但是，我們要如何判斷哪些舊有認知是需要淘汰，哪些新知是迫切需要引入的呢？

就是用多環模式思考。

先從第一個環開始，這個環代表著你目前已有的認知、知識，你以往都是以這些認知去理解世界的。如果思考只侷限於單環，那麼你在面對那些新的認知、現有的知識時，你可能會本能地用舊有的認知去否定新知，或對其視而不見。

　　現在，你為它加入第二個環。這一個環可以是任何一種認知，但主要是由現有的證據和知識組成的，例如，這兩年裡的科學研究報告、新心理學效應、新社會學觀點、新商業模式等等。

　　你要做的是從第二個環的角度看回第一個環。你或許會發現，原來新的科學研究報告推翻了某個你以前學過的知識，證實了某個以前你否定的知識；原來新的社會學觀點與你的舊有認知格格不入；原來新的商業模式將對你身處的行業造成衝擊、威脅。

　　從第二個環往第一個環前進，思考有什麼舊有認知是需要被取代、被替換的；從第一個環往第二個環前進，搜索有什麼新知是你迫切需要的。

　　每進行一次這樣的思考，都是一次自我更新與認知迭代。過了一段時間後，你為自己加入了第三個環，接著是第四個環，以此類推，完成多環模式的認知迭代。

　　學習不僅僅是單純追求新知，而是要「推陳」與「出新」兩者兼具。

　　在發展得愈來愈快的社會環境下，意識到這點十分重要。

Tips

多環模式的一石三鳥：幫助認知迭代、拓展多樣性與創造力的思考模式。

個人計劃，發洩知識

許多人在學習之旅中感到沮喪的一個原因是：學以致用是困難的。

中國大陸流行一句話：「聽過很多道理，卻依然過不好這一生。」你看了某本書，裡面的知識點感覺很好、很震撼；但回過頭，你依然繼續原來的生活。新的認知未必能夠為你的生活帶來影響，你感到學習與生活有嚴重的脫節。

有時候，這是因為你滿足於知道，而不追求做到、實踐。

有時候，這不是你不想去實踐知識，不是你不知道實踐的重要性，而是你所學習的知識、感興趣的知識，多數都與你的生活、工作及事業無關。

所學的知識無從應用，會讓你感到學習是白費力氣的。這不是因為知識無用，而是因為沒有管道也沒有地方讓你去應用知識。

會出現這種情況，其實歸根究柢，是因為你沒有一個「發洩知識的地方」。

當我還是位動畫設計師的時候，我的日常工作就是做動畫設計，但當時我也喜歡閱讀心理學書籍。我學了許多心理學的知識點，但心理學的知識要怎麼應用到我的工作上呢？

我花了許多時間去思考這個問題。我知道一部分心理學知

識可以用在動畫故事的構思上、一部分的知識可以用在與同事的交流上，但也就僅此而已。我只能在工作上應用一小部分的心理學知識。

可是我還學過許多其他明顯實用的知識點，是我希望自己可以使用的，例如：認知心理學、經濟學思維相關知識。但身為一個動畫設計師並不需要懂這些，我在日常中不需要做什麼重大的決策，也不需要用經濟學思維來讓動畫變得更好看。

但我實在迫切想要應用這些知識，因為我知道知識就像是金錢一樣，不花就等於不曾有過。我知道有不少人曾借助知識的力量來改變生活，但我有一段時間完全不知從何下手。

但我最後還是發現了一個管道，可以讓每一位學習者都能實踐大部分學到的知識：

曾經有一位程式設計師讀者來信，他說他喜歡學習新事物，但公司並不需要他更聰明，只需要他完成手頭上的事情就可以了。他覺得沒有用武之地而想換工作，甚至考慮轉行，所以來尋求我的意見。

我說大多數的公司都不需要員工具有高度創造力，也不需要員工非常非常聰明，大多數公司只需要員工能夠完成特定任務就行。有個說法是這樣的：「管理就是把 80 分以下的人提高到 80 分，也把 80 分以上的人拉低到 80 分。」

這意味著，就算你換工作、轉行了，你也很可能會遇到同樣的問題，亦即公司不需要你那麼聰明，除非你已經身處高職位。

我把我自己的經驗告訴了他，我說更好的策略是在日常的職業工作之外，開啟自己另外的「個人計劃」。

例如，自己構思、設計、編寫出一個獨特的軟體。

這樣做至少有三個好處：

首先，一般人的學習都是被動的，學校或公司要你學什麼你就學什麼，你的成長路線是受外部掌控的。而一個出色的學習者，會自行創造學習的機會，掌握自己的成長路線。

而開啟另一個個人計劃就是為了做到這一點。由於個人計劃幾乎是全由你掌控的，因此你可以在這個計劃中自由發揮你的潛能、自由實現你的想法，從真正地實踐與應用知識中成長學習。

你會從中習得更高階的技能，還可以透過個人計劃來完成某個「創舉」、突破自我。

其次，實際完成一次個人計劃，不只能為一個人帶來內部的成長，也可以讓你的外部條件有所改善。例如，你所編寫的軟體會讓你的履歷加分，也可能為你帶來另一份收入，或者為你的事業目標鋪好墊腳石。

完成個人計劃可以為你的實際競爭力加分。

其三，一次成功的個人計劃，可以帶來莫大的成就感、掌控感、滿足感。這些都是能夠推動你加速前進的心理資源。你的實際收入和外部條件會提升，這些都會讓生活變得更充實、幸福。（我們後面還會談到這一點。）

讀者聽了我的建議之後，似乎想通了一點。

我並不知道這個建議最後是否能幫助到他，但我可以肯定這個策略有不少成功案例，其中包括史帝夫‧賈伯斯、馬克‧祖克柏（Mark Zuckerberg）、比爾‧蓋茲、達爾文、愛因斯坦、牛頓，還有其他數不盡的創業家、思想家、發明家及科學家。

這些人都在生命中的某段時期開啟了自己的個人計劃。當時並沒有「某個組織」或「某個老闆」要求他們這麼做，而他們都獲得了我前面說到的三個好處。

你的個人計劃可以是任何形式。它可以與你現在的領域相關、間接相關或無關，可以是開發新產品或新服務、寫書、設立網站、拍短片、寫程式、做電商、做科學研究、研發新菜色、組織團隊、創立公司、參加比賽、組織研討會等等。

但值得注意的是，個人計劃指的不是減肥、堅持每天運動之類的普通計劃。個人計劃必須是意義非凡的，你預期它能改善你的生活軌跡和人生軌跡。

　　我無從得知你心中的個人計劃是怎麼樣的，也無從得知你會構思出什麼樣的個人計劃，因此我們只能夠抽象地討論你的個人計劃。我只能給予你一些建議，幫助你對「個人計劃」有更清晰的理解，或者啟發你構思出自己的個人計劃。

　　以下是我為「個人計劃」的三方面提出的建議，也是我自己的反思與總結：

在目標與動力方面

1. 無論你的個人計劃是什麼樣子，你最起碼必須對這個計劃感到有興趣、興奮、躍躍欲試。

   如果你的個人計劃無法讓你產生這種感覺，那麼設法讓它變得更有吸引力，可能是把目標定得更高一些，或者乾脆換另一個計劃。

   這一點之所以重要，是因為個人計劃往往會迫使人們走出舒適圈。如果你對計劃不感興趣，那麼你很可能就會放棄計劃，選擇待在舒適圈。

2. 你必須是出於自願的，你是為了自己而制訂並完成個人計劃。

   有許多研究顯示，當你在做自己選擇做的事情時（而不是他

人要求你做的事情），會產生更大的熱情與動力，你會變得更積極主動，而且會獲得幸福感❶。

這是因為我們都喜歡對生活有控制感，我們都嚮往掌控人生。事實上，你很可能會在個人計劃開始後，開始感到生活的充實與熱情——試圖掌控命運，是人類強大的驅動力。

3. 總的來說，個人計劃必須要有一定難度，必須要讓你感到有挑戰性，這會讓你更容易進入「心流」（flow）狀態來完成它。「心流」就是「專注得進入無我境界」的狀態。這會讓你的學習與工作效率大大提升❷，也是讓生活獲得幸福感的因素之一❸。

為自己建立一個「有適當難度」的計劃，也意味著將自己放到刻意練習裡的「學習區」，這有助於你的學習進步。但也切記不要將計劃設定得太難，不然你會在過程中感到挫折、灰心。

4. 這個計劃最好能讓你發揮創造力。一個無須你發揮創造力的計劃，不是一個值得完成的計劃。這背後的道理很簡單，如果該計劃只要求你機械性地重複別人做過的事情，那不就和你日常的工作沒兩樣了嗎？

另外，我們也討論過，能發揮創造力的人比較不容易被人工智慧所取代。

5. 在構思個人計劃時,有個參考標準就是問自己:「五年之後,當我回想這個決定,我是否會覺得這個決定是正確且有意義的?」

6. 個人計劃的目標設定需要盡可能地具體清晰。好好想一想這兩個問題:

   「怎樣才算是完成了計劃?」

   「我完成個人計劃的預期結果是什麼樣子的?」

7. 稍微計算一下,你大概需要多長時間來完成這個計劃?設定好一個期限,然後儘可能在期限之前完成計劃。

   視計劃的難度而定,可以是幾個月或一兩年的期限,期限太遠不利於你的實踐。

8. 你必須對計劃的具體進度有個清晰的判斷。例如,對作家來說寫一千字就是有進度,對畫家來說完成草稿就是有進度。

   研究顯示,當你能清晰意識到自己的努力有帶來進度時,哪怕只是小進度,你也能感受到成就感與動力,這些成就感是推動你持續更進一步的重要資源⓮。

9. 這個計劃必須能夠解決某個實際問題,必須能產生他人需要的價值,這意味著——不要做單純「自 high」的計劃。

   能實際解決問題、產生他人所需價值的項目,往往意味著有盈利的潛能,而盈利永遠都是職業與事業發展向前邁進的必要條件。

10. 你所構思的個人計劃，其價值、獨特性和成功機率，很大程度取決於你在「拓」的層次裡做得如何，亦即你的正確性、多樣性和創造力拓展得如何。

　　你的個人計劃會是什麼樣子，很大程度取決於你曾將什麼養分注入思想孵化器裡，也取決於養分是否足以讓好思想從中破殼而出。

11. 學習者能否對某個領域產生學習興趣，其中一個重要條件，就看學習者是否覺得該領域的知識「有用」、是否能將所學的知識學以致用。

　　那些我們預期自己不會用到的知識，以及對生活無法產生什麼作用的知識，我們就不會想要去學。相反地，那些我們清晰具體知道能幫助自己的知識，我們就會本能般地想去學——我認為這是人類古老的學習模式，那些不會對「有用知識」產生興趣的人，很可能早就被演化淘汰了。

　　這意味著，規劃個人計劃並想像自己能如何應用知識，能幫助你培養學習興趣。

在實踐與學習方面

1. 拿出一張紙，在紙張的上方寫下「如何完成○○計劃」。預想自己如何從頭到尾地完成它，然後將中間所需要的步驟全都寫下。

   拿出另外一張紙，用排列知識、畫圖的方式將計劃的結構畫清楚。

2. 比較可能的情況是，你目前還不具備完成這個人計劃的能力。因此，你需要判斷自己會遇到什麼難題、還需要獲取什麼能力，或需要找到什麼樣的人來組織團隊。

   遇到難題時，你必須透過學習新知識、嘗試新事物來攻克難題。將個人計劃當作是刻意練習的平臺，不斷地精進自己。

3. 視你的項目複雜程度而定，你可以找人合作、組織團隊，或者外包一部分任務給他人，也可以選擇獨自完成。

4. 個人計劃才是你最重要的工作，是你應該擺在第一順位的工作。當然，你還是需要為了生計而上班，但你必須意識到：上班只能算是第二份工作，它可以是維持生計、提升自己的一種手段，但它並不是一種追求。

   你可以用業餘及空閒的時間來完成個人計劃。總之，每天抽出一定的時間來執行它、完成它。盡量確保自己每天都有一點進度，哪怕你是在度假旅行。

有個可行的方法是：每天抽出一兩個小時的固定時間來完成它（最好是早上，因為早上意志力特別強）。

5. 你學到的多數知識，都可以實踐在這個計劃中。有時實踐是直接的，例如：我的個人計劃是寫書，所以我在書裡找個恰當的部分，將我所學到的心理學知識寫進去。有時實踐是間接的，，例如：我在賣書的時候就可以用經濟學思維來幫助決策，我在日常學習中也可以用「機會成本」這個概念來幫助決策。

6. 知識只要能被應用，就能產生價值。不要吝於實踐知識，而是要積極、瘋狂地實踐知識，你在任何地方學到的知識，都可以試著投入這個計劃之中。

假設你在閱讀《快思慢想》，這本書裡面談到了人類的非理性決策，那麼你就應該思考：「我在執行計劃之際做過哪些非理性決策？」

如果你看到某篇文章討論的是「如何創新」、「如何經營」，或是「如何行銷」。那麼你就應該在閱讀時思考：「我如何將眼前的知識應用到我的計劃之中？」

簡而言之，將學到的任何知識都當作一面鏡子來反思計劃，儘可能將所有的知識都丟進個人計劃這個容器裡，有意識地催生出蒙格所說的魯拉帕路薩效應。

7. 當你真正實踐知識時，你會得到「知識與真實世界交流的結果」，你會因為事實與你的期待不符，而得以更新過往的錯誤信念與認知。

實踐會迫使你思考、反思自己學過的一切，會迫使你不斷讓自己的知識網迭代。這些是你無法從書中獲得的成長，這些成長未必獨特，但對你來說特別特別重要。

在成功與失敗方面

1. 判斷計劃是否成功的一個標準，就是看有沒有人願意付錢購買你的產品與服務，你在完成計劃後收入是否增加，職位是否獲得升遷。

另一個判斷計劃是否成功的標準是時間。俗話說：「時間就是金錢。」如果有人願意花時間去使用你的軟體、閱讀你的文章、接受你的服務，那麼這也能說明你的計劃有其價值。

你可以把金錢和時間看作是一種投票機制，愈多人用金錢和時間投票給你、投票的數量愈大，證明你的項目愈成功。

如果沒有人投票，那原因只有兩個：一是你的計劃品質不好，它沒能提供別人所需的價值，它不夠獨特等等；二是因為

你沒有推廣、推銷你的項目，你沒能說服別人它多有價值。

請反思自己是不是沒做好這兩點。

2. 另一種判斷計劃成敗的標準，是自己的「內在評分機制」。

也就是說，計劃的最終成果是否達到你一開始時的預期，是否有讓自己達到預期的成長與進步。

這有時會比將他人的金錢和時間做為判斷標準來得更合適。

3. 真實世界是最好的老師，如果計劃最後的結果不符合你的預期，那不是因為「世界錯了」，而是因為你的預期錯了、判斷錯了，或是決策錯了。

4. 當然，你可能會遭遇幾次失敗。你可能無法一次到位，甚至可能會在嘗試幾次後判斷這個計劃行不通，因此放棄。無論如何，這放在你一生的學習之旅看來，也將會是一次重要的學習。

儘管如此，要意識到「失敗是成功之母」終究是一種自我安慰。

5. 事實上，很少人能從自己的失敗中獲取教訓，人們會透過重複的努力獲得重複的結果，一再失敗。除非你在失敗後真心承認自己的錯誤，讓自己的一部分死去，這樣你才會長出一個新的自己。

換一個方法嘗試、換多個方法嘗試，直到有人願意用金錢來投票給你為止。要相信自己永遠都能成長，要迫使自己成長。

你可以用拓展正確性的思考方式（過濾機制），去思考如何更實際、更正確地在下次嘗試中獲得成功。事實上，你在正確性方面拓展得愈好，計劃成功的機率會愈高。

6. 如果你不只完成了個人計劃，還因此獲得了成功，那麼恭喜你，是時候休息一下，然後意識到這並不是一個終點，而是一個新的起點。

7. 所有的學習、實踐，都是為了讓生活變得更幸福、更好。儘管個人計劃的盈利是有必要的，但其目的最終還是服務於「讓生活變得更好」，切記不要本末倒置。

8. 在完成個人計劃的途中，你會清晰地意識到自己的能力在哪裡、自己還欠缺的東西是什麼。你會更了解你自己，成為更好的自己。

9. 事實上，本書所有的內容，都可以看作是為了達成個人計劃而打下的基礎。例如，思想孵化器能讓你產生新思想、想法及創意，個人計劃則是將想法與創意化為現實。

10. 完成一項個人計劃，是為了在一定程度上改變世界的走向——至少是改變你未來的人生走向。

11. 個人計劃的實踐能帶來實力的成長，實力的成長能帶來內部收益（成就感、掌控感、幸福感），也會帶來外部收益（收入、競爭力）。

內部和外部收益都能帶來更好的生活，也會讓你產生更多的

驅動力，並支持你堅持完成更多的個人計劃、帶來更多的成長；然後更多的成長又會帶來更多的內部和外部收益，這個過程會構成一個良性循環。

我想，這個循環，就是達到「終生學習」的唯一途徑。

> **Tips**
>
> **個人計劃的一石百鳥：**開啟一項個人計劃不但能讓你用上本書所有的學習理論，也能讓你達到多重目的，其潛能是極其巨大的，這是最好的學習方式。

朋友曾問我，我在家裡空閒時會幹些什麼？

當時我心裡想說的其實是「我會忙著實現我的夢想」，但那樣說感覺太熱血了，有點不好意思；所以我嘴裡說的是：「我會忙著進行我的個人計劃。」

在這個年頭還提夢想是有點老套，但你知道，每個人心裡頭都想要完成一些什麼、想達到一些什麼。人們永遠都有所追求，也最好要有所追求。

我希望，這本書能幫助你完成你想完成的事情。

如果你想閱讀更多我寫的文章，不妨瀏覽我的網站：4think.net

參考與註釋 註：如資料來源為簡體版書籍，則書名與作者譯名以簡體版為準，以便查詢。

第一章

1. A. A. Callender & M. A. McDaniel, The limited benefits of rereading educational texts, Contemporary Educational Psychology 34 (2009), 30-41.
2. Karpicke, Jeffrey D., Butler, Andrew C. and Roediger III, Henry L. (2009) 'Metacognitive strategies in student learning: Do students practise retrieval when they study on their own?', Memory, 17:4, 471-479
3. C-A. E. Moulton, A. Dubrowski, H. MacRae, B. Graham, E. Grober, & R. Reznick, Teaching surgical skills (2006).
4. Vlach, H. A., & Sandhofer, C. M. (2012). Distributing Learning Over Time: The Spacing Effect in Children's Acquisition and Generalization of Science Concepts. Child Development, 83(4), 1137-1144. http://doi.org/10.1111/j.14678624.2012.01781.x
5. Rasch, B., & Born, J. (2013). About Sleep's Role in Memory. Physiological Reviews, 93(2), 681-766. http://doi.org/10.1152/physrev.00032.2012
6. Rohrer, D. & Taylor, K. Instr Sci (2007) 35: 481. https://doi.org/10.1007/s11251-007-9015-8
7. http://www.willatworklearning.com/2010/12/how-much-do-people-forget.html
8. Averell, Lee & Heathcote, Andrew. (2011). The form of the forgetting curve and the fate of memories. Journal of Mathematical Psychology. 55. 25-35. 10.1016/j.jmp.2010.08.009.
9. 這與我們的經驗相悖，你一定也經歷過「完全沒有印象」，但實實在在發生過的事情。畢約克的解釋是，你的記憶其實還在，只是因為另一個記憶覆蓋了你的記憶提取，干擾了你提取該記憶。畢約克稱這為「New Theory of Disuse」。

第二章

1. 參見芭芭拉‧奧克利，《學習之道》第二章，機械工業出版社，2016
2. Andrews- Hanna 2012； Raichle and Snyder 2007.
3. https://www.psychologytoday.com/blog/creativity-you/201703/can-simple-walk-improve-your-creative-thinking
4. Danesh, Maghsoud; Nourdad, Nava. Theory and Practice in Language Studies; London Vol. 7, Iss. 3, (Mar 2017): 234-240.
5. Venturatos Andersson, Billie & Gipe, Joan. (1983). Creativity as a mediating variable in inferential reading comprehension. Reading Psychology: An International Quarterly. 4. 313-325.
6. 參見 道格拉斯‧肯里克、維拉達斯‧格里斯科維斯，《理性動物》第五章，中信出版社，2014
7. 參見 麗莎‧克隆，《大小說家如何唬了你》第一章 ，大寫出版， 2014
8. Chi, M. T.H., Bassok, M., Lewis, M. W., Reimann, P. and Glaser, R. (1989), Self-Explanations: How Students Study and Use Examples in Learning to Solve Problems. Cognitive Science, 13: 145-182. doi:10.1207/s15516709cog1302_1

9. 參見 芭芭拉‧奧克利，《學習之道》第十四章，機械工業出版社，2016

第三章

1. 參考案例 https://zh.wikipedia.org/wiki/ 澳大利亞的兔子
2. 參見 羅德‧理查德‧馬克‧丘奇‧卡琳‧莫里森，《哈佛大學教育學院思維訓練課》第四章，中國青年出版社，2014。
3. Ritchie SJ, Della Sala S, McIntosh RD (2013) Retrieval Practice, with or without Mind Mapping, Boosts Fact Learning in Primary School Children. PLoS ONE8 (11): e78976. https://doi.org/10.1371/journal.pone.0078976
4. adlunap.ro/else2009/papers/994.1.%20AlJarf_Enhancing.pdf
5. 參見 約瑟夫‧D‧諾瓦克，《學習、創造與使用知識》，人民郵電出版社，2016（此書是概念圖的多項研究綜述）。
6. "Richard P. Feynman - Facts". Nobelprize.org. Nobel Media AB 2014. Web. 20 Nov 2017. http://www.nobelprize.org/nobel_prizes/physics/laureates/1965/feynman-facts.html
7. 參見 約瑟夫‧D‧諾瓦克，《學習、創造與使用知識》第六章，人民郵電出版社，2016
8. 參見 安德斯‧艾瑞克森、羅伯特‧普爾，《刻意練習》，機械工業出版社，2016。
9. 參見 埃利澤‧斯滕伯格，《神經邏輯》第三章，廣西師範大學出版社 ，2018。
10. 同前。
11. 同前。
12. Yao, W. X., Ranganathan, V. K., Allexandre, D., Siemionow, V., & Yue, G. H. (2013). Kinesthetic imagery training of forceful muscle contractions increases brain signal and muscle strength. Frontiers in human neuroscience, 7, 561. doi:10.3389/fnhum.2013.00561
13. 關於大腦可塑性的資料有很多，幾乎任何一本有關腦神經科學的書都必然會提到可塑性。
14. http://www.supercamp.com/what-does-neurons-that-fire-together-wire-together-mean/
15. https://www.scientificamerican.com/article/london-taxi-memory/
16. 參見 承現峻，《打敗基因決定論》，時報文化，2014。
17. 參見 康納曼，《快思慢想》，天下文化，2012。
18. 參見 卡羅爾‧塔夫里斯、艾略特‧阿倫森 ，《錯不在我》，中信出版社，2014

第四章

1. 參見 諾曼‧多吉，《改變是大腦的天性》第三章，遠流出版，2008
2. 萬維鋼，日課139，《精英日課》第一季。
3. 參見 湯馬斯‧佛里曼，《謝謝你遲到了》，天下文化，2017。
4. https://www.wired.com/2016/02/googles-self-driving-car-may-caused-first-crash/
5. 說到人工智慧會取代哪個職業時，司機將被取代可說是無庸置疑。https://www.forbes.com/sites/patrickwwatson/2017/08/31/technology-is-already-eliminating-driver-jobs-heres-how-to-trade-it/#9119a693b6d4
6. 參見 吳軍，《智能時代》第六章 ，中信出版社，2016。

7. 參見 基思・斯坦諾維奇，《超越智商》第二章，機械工業出版社，2015。

8. https://zh.wikipedia.org/wiki/ 認知偏誤列表

9. 斯坦諾維奇的原意本是「安裝心智程序，就像安裝了防毒軟體」，這裡我用了另一個意義相近的比喻。

10. 第一反應和謹慎思考，對應到認知心理學上，就是雙系統加工理論的系統一和系統二。

11. 參見 卡羅爾・塔夫里斯、艾略特・阿倫森，《錯不在我》第七章，中信出版社，2014。

12. 卡羅爾・塔夫里斯、艾略特・阿倫森，《錯不在我》第八章，中信出版社，2014。

13. Self-evaluation in undergraduate medical education: a longitu-dinal perspective Arnold, L; Willoughby, T L; Calkins, E V

14. 參見 克里斯廷・內夫，《自我關懷的力量》，中信出版社，2017。

15. Dohaney J., Brogt E., Wilson T.M., Kennedy B. (2017) Using Role-Play to Improve Students' Confidence and Perceptions of Communication in a Simulated Volcanic Crisis. In: . Advances in Volcanology. Springer, Berlin, Heidelberg https://doi.org/10.1007/11157_2016_50

16. Dijksterhuis, A., & van Knippenberg, A. (1998). The relation between perception and behavior, or how to win a game of Trivial Pursuit. Journal of Personality and Social Psychology, 74(4), 865-877. http://dx.doi.org/10.1037/0022-3514.74.4.865

17. 參見 基思・斯坦諾維奇，《這才是心理學》第一章，中國人民大學出版社，2015。

18. 參見 基思・斯坦諾維奇，《這才是心理學》第二章，中國人民大學出版社，2015。

19. Arkesetal(1988); Koehler(1994); Koriat, Lichtenstein, and Fischhoff(1980); Larrick(2004); Mussweiler, Strack, and Pfeiffer(2000); and Tweneyetal(1980).

20. 參見 麗莎・蘭金，《心靈更勝藥物》，生命潛能出版社，2015。

21. 參見 伊藤穰一、傑夫・豪，《爆裂》第七章，中信出版社，2017。

22. 參見 查理・蒙格，《窮查理寶典》，上海人民出版社，2012。

23. 「Lollapalooza Effect」為蒙格自創的片語。

24. 參見 布賴恩・費瑟斯通豪，《遠見》第十章，北京聯合出版公司，2017。

25. 參見 提姆・哈福特，《不整理的人生魔法》，天下文化，2017。

26. 同前。

27. http://www.businessinsider.com/elon-musk-first-principles-2015-1/?IR=T&r=MY

28. https://www.youtube.com/watch?v=NV3sBlRgzTI

29. 馬斯克應用第一原理思維打造出火箭的經歷，請見：范思，《鋼鐵人馬斯克》第六章和第九章，天下文化，2015。

30. 參見 史蒂文・約翰遜，《偉大創意的誕生》第三章，浙江人民出版社，2014。

31. 參見 理查・塞勒，《不當行為》第五章，先覺出版社，2016（這個版本的 Slow Hunch 翻譯為「緩慢直覺」）。

32. https://www.forbes.com/sites/quora/2014/07/16/how-did-elon-musk-learn-enough-about-rockets-to-run-spacex-cofounder-iim-cantrell-answers/#65235ad7423d

33. Learning to Improve: Using Writing to Increase Critical Thinking Performance in General Education Biology Ian J. Quitadamo* and Martha J. Kurtz doi: 10.1187/cbe.06-11-0203 CBE Life Sci Educ vol. 6 no. 2 140-154

34. Wade, C. (1995). Using writing to develop and assess critical thinking. Teaching of Psychology, 22(1), 24-28. http://dx.doi.org/10.1207/s15328023top2201_8

35. Tsai, P., Chen, S., Chang, H., & Chang, W. (2013). Effects of prompting critical reading of science news on seventh graders' cognitive achievement. International Journal of Environmental & Science, 8(1), 85-107. doi: 10.1002/tea. 20385.

36. Hassan Soodmand Afshar & Hossein Movassagh (2014). On the relationship among critical thinking, language learning strategy use and university achievement of Iranian English as a foreign language majors. The Language Learning Journal Volume 45, 2017 - Issue 3, 382-398. http://dx.doi.org/10.1080/09571736.2014.914238

37. http://feipengho.pixnet.net/blog/post/3146395

第五章

1. http://group.dailyview.tw/2017/06/05/ 從數字看書市（中）：台灣新書出版量世界第二 /

2. https://www.farnamstreetblog.com/2012/02/book-recommendations-from-nassim-taleb/

3. http://thebooksproject.co/steven-pinker/

4. http://marginalrevolution.com/marginalrevolution/2006/12/how_to_read_fas.html

5. https://www.facebook.com/groups/543802626007799/

6. 參見 芭芭拉‧奧克利，《學習之道》第二章，機械工業出版社，2016。

7. 參見 提姆‧哈福特，《不整理的人生魔法》，天下文化，2017。

8. 康納曼、斯坦諾維奇、吉仁澤、克萊因。

9. 參見 埃利澤‧斯滕伯格，《神經邏輯》第二章，廣西師範大學出版社 ，2018。

10. 參見 肖恩‧揚，《如何想到又做到？》Part2.1，湛廬文化，2018。

11. 有關個人計劃可以帶來驅動力的論據，參見 丹尼爾‧品克 《動機，單純的力量》，大塊文化，2010。

12. https://en.wikipedia.org/wiki/Principles_of_learning

13. 參見 馬丁‧塞利格曼 ，《持續的幸福》第一章，浙江人民出版社

14. https://www.hbrtaiwan.com/article_content_AR0001732.html

DEEPER LEARNING
深度學習的技術
2 週掌握高效學習，立即應用

作者	楊大輝
執行編輯	顏妤安
行銷企劃	高芸珮
封面設計	倪旻鋒
版面構成	賴姵伶
發行人	王榮文
出版發行	遠流出版事業股份有限公司
地址	台北市中山區中山北路一段 11 號 13 樓
客服電話	02-2571-0297
傳真	02-2571-0197
郵撥	0189456-1
著作權顧問	蕭雄淋律師

2019 年 8 月 31 日 初版一刷
2021 年 10 月 1 日 初版八刷
定價 新台幣 360 元（如有缺頁或破損，請寄回更換）
ISBN 978-957-32-8635-6
遠流博識網 http://www.ylib.com
E-mail: ylib@ylib.com

圖書館出版品預行編目 (CIP) 資料

深度學習的技術：2 週掌握高效學習，立即應用 / 楊大輝著 . -- 初版 . -- 臺北市：遠流，2019.08
面； 公分
ISBN 978-957-32-8635-6(平裝)
1. 學習方法
521.1 108012999